Alphabetisches Verzeichnis

sämtlicher auf der

Übersichts- und Verkehrs-Karte

der

Provinz Hannover

etc.

stehenden Ortsnamen

mit Angabe des Quadrates, in welchem der betreffende Ort zu finden ist.

Erklärung der Zeichen u. Abkürzungen:

1 A, 1 B u. s. w. = Bezeichnung des Quadrates, in welchem der Ortsname zu finden ist.

b. = bei. P. = Post. | P = Poststation.

E = Eisenbahnstation. | T = Telegraphenstation.

* = Bezeichnung der zur Provinz Hannover gehörenden Orte.

Hannover

Verlag von **Otto Borgmeyer's** Buchhandlung

Georgstraße 4.

J. C. König & Ebhardt in Hannover

Aa 6 B
Abbehausen 2 D PT
Abbehauserwisch 2 D
*Abbendorf P. Scheßel 3 F
Abbendorf b. Wilsnack 4 L M PT
*Abbendorf P. Bodenteich 4 J
*Abbenfleth 2 F
Abbenrode b. Vienenburg 7 J PT
Abbenrode P. Schandelah 6 J
*Abbensen b. Peine 6 H PT
*Abbensen P. Mellendorf 5 G
*Abbenseth 2 F
Abterode 8 K PT
Abbickenhausen 2 C D
*Abickhave 2 E
Abterode 9 G
Abtlissinwisch 1 F
Accum 2 E
*Achim b. Bremen 4 E F EPT
Achim P. Börßum 7 J
*Achmer 5, 6 C E
Achtersladt 3 D
*Achtum 6 G H
Ackenboe 1 F
Ackendorf 6 L EPT
*Addelum (Adlum) 6 H
Addrup 5 C
*Adelebsen 8 G PT
*Adelheidsdorf 5 G H
*Adendorf 3 H EPT
*Adensen 6 G
*Adenstedt b. Alfeld 7 G PT
*Adenstedt b. Peine 6 H PT
Adersleben 7 K
Adersledt i. Anh. 7 L PT
Adersledt b. Oschersleben 7 K PT
*Adlum (Addelum) 6 H
*Adolfsdorf 3 E
Adorf b. Waldeck 9 E PT
*Adorf P. Hoogstede 5 A
*Aerzen 7 F EPT
Affeln 9 C PT
Affoldern 9 F PT
*Agathenburg 2 F G
Agelo 5 A
Agnesdorf 8 K
Ahaus 6 A EPT
*Ahausen b. Rotenburg 3, 4 F PT
*Ahausen P. Dreye 4 E
Ahden 8 D E
*Ahe 5 D
*Ahlde 6 B
*Ahlden a. d. Aller 4 F G PT
Ahle P. Nienborg 6 A
*Ah[illegible] b. Hannov. 6 G
*Ah[illegible] P. Kluse 4 B
Ahlen i. Westf. 7 C EPT
*Ahlerstedt 2 F PT
*Ahlsten 4 G
Ahlborn 4 D EPT
Ahlfatel 6 B
Ahlken 4 E
Ahlsen 6 E
*Ahrten b. Lehrte 6 G PT
Ahlum 5 J K PT
*Ahmsen 4 B C
*Ahnsbeck 5 H
*Ahnsen 5 H
*Ahrbeck 5 H
*Ahrbergen 6 G
*Ahrenfeld 7 G
Ahrenhorst 7 C
Ahrenlohe 1 G
*Ahrensberg, der, b. Alfeld 7 G
*Ahrensberg, der, im Osterwald 6 G
Ahrensbök 1 J EPT
Ahrensburg 2 H EPT
Ahrensch 1 E
*Ahrensflucht 1 E F
Ahrenshagen 1, 2 M
*Ahrenswohlde 2, 3 F
*Ahrsen 4 G
Ahsen 8 B PT
*Akelsbarg, Col. 2 C
Aken 7 M EPT
Albachten 7 B EPT
Albaren 7 F PT
Albergen 6 A
Albersloh 7 C PT
*Albringhausen 4 E
Albungen 9 G H EPT
*Aldorf 4, 5 D
Aldrup 6 C
Alexisbad 8 K EPT
*Alfeld 7 G EPT
Alfen 8 E
*Alferde 6 G
*Alfhausen 5 C EPT
*Alfstedt P. Ebersdorf 2 E F
*Alfstedt P. Bederkesa 2 E
Algenstedt 5 K
Alhausen 8 E F
*Aligse 6 G EP
Allagen 8 D PT
Allen 8 C E
Allendorf a. d. Werra 9 G H EPT
Allendorf b. Arnsberg 9 C PT
Allerbeck 7, 8 C D
*Allerdorf 4 F
Alleringersleben 6 K
Allermöhe 2 H PT
Allrode 8 J K PT
Almena 6 E F PT
Almenshausen 9 J
*Almke 6 J
Alsleben 7 K PT
Alst 7 C
Alstätte 6 A PT
*Alsum 2 E
Alswede 6 D PT
Alt-Astenberg 9 D
Alt-Bensdorf 5 M
Altboitzen 4 F G
Alt-Brandsleben 6, 7 K
Alt-Brenz 2 L PT
*Alt-Bruchhausen 4 E
Alt-Bukow 1 L
Altdunnen 4, 5 C
Alte Land, das, 2 F G
Altena 9 B C EPT
Altenaffeln 9 C
*Altenau 7 H J PT
Altenbauna 9 F
Altenbeken 7, 8 E EPT
*Altenberge P. Rütenbrock 4 A B
Altenberge b. Münster 7 B EPT
Altenbergen 7 F
Altenböddeken 8 E
Altenbögge 8 C
Altenbrak 8 J K PT
*Altenbruch 1 E PT
Alten-Brunslar 9 F
*Alten-Bülstedt 3 F
Altenbüren 9 D PT
Altenburg 7 L EPT
Alten-Burschla 9 H
*Altencelle 5 H
Altendeich b. Pinnebg. 2 G
Altendeich b. Meldf. 1 E F
Altendeich b. Brunsbüttel 1 E
Altendorf b. Naumburg 9 F
*Altendorf P. Osten 1, 2 F
*Altendorf P. Brome 5 J
Altendorf P. Holzminden 7 F
Altendorf i. W. P. Rinkerode 7 B C
Alteneseh 3 D E PT
Altengamme 2 H PT
Alten-Geseke 8 D PT
*Altenhagen b. Münder a. D. 6 F PT
*Altenhagen P. Celle 5 H
Altenhasungen 9 F E
Altenhausen 6 K PT
Altenheerse 8 E
Altenhellefeld 9 C D
Alten-Huntorf 3 D PT
Altenkirchen 3 C
Alten-Klitsche 5 M
Alten-Kühnau 7 M
*Altenlingen 5 B
Altenlotheim 9 E
*Altenlünne 5 B
*Altenmarhorst 4 D E
*Alten-Medingen P. Bevensen 3 J
Alten-Medingen bei Wanzleben 7 L
Altenoythe 4 C
Alten-Plathow 5 M PT
Altenrheine 6 B
*Altenrode 7 J
Altenroxel 7 B
Altenrüthen 8 D
*Altensalzkoth 4, 5 H
Alten-Salzwedel 4 K
Altensenne 7 E
Altenstädt 9 F PT
*Altenwahlingen 4 F
*Altenwalde 1 E PT
Altenweide 1 H
*Altenwerder 2 G PT
Altenzaun 4 M
*Alte Picardie 5 A
Alterode 8 K PT
*Altfunnixsiel 2 C
Altgarmssiel 2 C
Alt-Göttern 9 J
Althaldensleb. 6 K EPT
*Altharen 4 B
*Alt-Harlingersiel 2 C
*Alt-Isenhagen 5 J
Alt-Karin 1 L
*Altkloster 2 G
Alt-Krenzlin 3 K
Alt-Krüssow 3 M E
*Altluneberg 2 E
Alt-Mellrich 8 D
Altmersleben 5 K
Alt-Meteln 1 K
Altona 2 G EPT
Alt-Rahlstedt 2 H EPT
Alt-Sammit 2 M
Alt-Schillingstedt 9 K
Alt-Schlagsdorf 1 L
Alt-Schwerin 2 M EPT
Alt-Schweriner-See 2 M
*Alt-Warmbüchen 5 G
*Altwistedt 2 E
Alt-Zachun 2 K
Alvensleben, Markt- 6 K PT
Alverdissen 7 E F PT
*Alvern 4 G H
Alversdorf 6 K
Alverskirchen 7 C PT
Alveslohe 1 G P
*Alvesrode 6 G
*Ambostel 6 H
*Amdorf 3 B
Amecke 9 C
Amcke 8 C
Amelhausen 4 D
*Amelinghausen 3 H PT
Amelsbüren 7 B C PT
Amelunxen 8 F
Amesdorf 7 L PT
Ammeln 6 A
Ammeloe 6 A
Ammensen 7 G
Ammern 8, 9 J
*Ammersum 3 C
Ampen 8 C
Ampfurth 7 K
Anderen 4 A
Anderlingen 3 F
*Anderten P. Rethem an der Aller 4, 5 F
*Anderten b. Hannover 6 G PT
*Andervenne 5 B
*Andorf 5 C
*Andrup 5 B
*Anemolter 5 E F PT
Angel 7 C
Angelbek 4, 5 C
Angelmodde 7 B C
*Angelse 4 E
Angern 6 L EPT
*Ankeloh 2 E
*Ankum 5 C PT
Anloo 3 A
Annen (Holland) 3 A
*Annen P. Harpstedt 4 E
Annerveen 3 A
Anröchte 8 D EPT
Antfeld 9 D PT
Apel 4 A
*Apeldorn 4 B
*Apeler 2 E
Apelern 6 F PT
*Apelstedt 4 E PT
Apen 3 C EPT
*Apensen 2 G PT
Appelhülsen 7 B EPT
*Appeln 2 E
Appen 2 G
Appingedam 3 A
*Arbergen 4 E
*Ardestorf 2 G
*Ardorf 2 C
Arenborn 8 G
*Arendorf 4 H
Arendsee 4 L PT
Arend-See, der, 4 K L
Arensburg 6 F
Arenshausen 9 G H EPT

*Arenshorst 6 D
Arfrade 1 J
*Arle 2 B PT
*Armsen 4 F
*Armstorf 2 E F
Arneburg 5 L M
Arngast 2 D
Arnim 5 M
Arnsberg 9 C EPT
Arnsberger Wald 8, 9 C D
Arnstein 9 G
*Arnum 6 G
Arolsen 9 E EPT
*Arpke 6 H EPT
Arpshagen 1 K
Arsten 4 E PT
Artern 9 K PT
*Artlenburg 3 H PT
Asbeck 7 A PT
Ascheberg 7 B PT
*Aschen 5 D
*Aschendorf b. Papenburg 3 B EPT
*Aschendorf P. Rothenfelde 6 D
Aschersleben 7 K L EPT
*Aschwarden 3 D PT
Asel b. Arolsen 9 E
*Asel P. Wittmund 2 C E
Aselo 6 A
*Asendorf P. Marxen 3 G
*Asendorf 4 E PT
Asendorf i. Lippe P. Hohenhausen 6 E
*Ashausen 3 A
Aspenstedt 7 J K
Aspern 1 G
Asse, die, 6 J
*Assel 2 F PT
Asseln 8 E EPT
Assen 8 C
Assinghausen 9 D PT
Astfeld 7 H PT
Astrup b. Oldenburg 4 D
Astrup b. Vechta 4 D
*Astrup P. Börden 5 C D
Atens 2 D PT
Athensleben 7 L
Athenstedt 7 J
Atteln 8 E PT
Attendorn 9 C EPT
*Atter 6 C
Atzendorf 7 L PT
Aue, goldene, 8 J 8, 9 K
Auen 4 C
Auerberg mit Josephshöhe 8 K
Auf dem Acker 8 H
Auf dem Meeresfelde 3 D C
Augustdorf 7 E PT
Augustendorf b. Friesoythe 4 C
*Augustendorf P. Gnarrenburg 2, 3 F
Auleben 9 J K PT
*Aurich 2 B EPT
*Aurich-Oldendorf 2 B C P
*Ausbüttel 5 J
*Avendorf 3 H
*Avendshausen 7 G
Avenwedde 7 D
Averesch 6 A
*Aversehrden 6 C
*Axstedt 3 E

Baake 1 D
Baalberge 7 L EPT
Baben 5 L M
Babenhausen 7 D
Bachra 9 K
*Backemoor 3 B
Backleben 9 K
Backum 5 B
*Badbergen 5 C EPT
*Baddeckenstedt 6, 7 H EPT
Badeleben 6 K
*Baden 4 F PT
Badendiek 1 M
Badenhausen 7 H P
*Badenstedt P. Zeven 3 F
*Badenstedt 6 G P
Badersleben 7 J EPT
Badewitz 7 M
Badingen 5 L PT
Badow 2 K
Badra 9 K
Bäbelin 1 L
Bälow 4 L PT
Bärenberg 9 F
Bärenberg, der, 9 F
Bagband 3 C PT
Bahde 1 F
*Bahlburg 3 H
*Bahlen 5 D
Bahlum 4 E
Bahrdorf 6 J K PT
*Bahrenbostel P. Kirchdorf i. Hannover 5 E
*Bahrenbostel b. Hannov. 5 G
Bahrenburg 5 E
*Bahrendorf P. Wietzetze 3 J
Bahrendorf 7 L EPT
*Bakede 6 F
*Bakelde 5 A
Bakendorf 2 K
Bakenfeld 7 B
*Bakerde 5 B C
Bakum bei Oldenburg 4 D PT
*Bakum P. Melle 6 D
*Balderhaar 5 A
*Balge 5 F
Balhorn 9 F PT
*Balje 1 F PT
*Balk-See 2 E
*Balkum 5 C
Ballenstedt 8 K EPT
Balow 3 L PT
*Baltrum 1 B PT
Balve 9 C PT
Balverwald, der, 9 C
Bamenohl 9 C
Bandekow 3 J
*Bangstede 2 B
*Bannetze 5 G
Bansleben 6 J
*Banteln 7 G EPT
Banton 1 L
Banzin 2 J
Banzkow 2 L PT
Barbecke 6 H PT
*Barbis 8 H PT
Barby 7 L EPT
*Barchel 2 E
*Bardel 6 A
Bardenfleth 3 D PT
Bardewisch 3 D E PT
*Bardowiek 3 H EPT
*Barendorf 3 H J
Barenthin 4 M E

*Barfelde 6, 7 G
*Barge 3 C
Bargfeld 1 H P
Barghorn 3 D J
*Bargstedt 2 F
Bargteheide 1 H EPT
Baringdorf 6 D
Bark 1 H
Barkenberge 7 B
*Barkhausen P. Melle 6 D PT
*Barkhausen P. Lintorf 6 D
Barkhausen P. Hausberge 6 E
*Barkholt 2 B
Barkhorst 1 H
Barkow 2 M
Barl 5 E
Barleben 6 L EPT
*Barlissen 8, 9 G
Barlt 1 F PT
*Barme 4 F
Barmke 6 J EPT
Barmstedt 1 G EPT
Barnebeck 4 J
Barneberg 6 K PT
Barnin 2 L
*Barnstedt 3 H
*Barnstorf P. Heiligendorf 6 J
*Barnstorf bei Diepholz 5 D EPT
Barntrup 7 F EPT
*Barrien P. Sulingen 5 E
*Barrien b. Syke 4 E PT
*Barscamp 3 J EPT
Barsen 8 C
Barsfleth 1 F
*Barsinghausen 6 F EPT
Barssel 3 C PT
*Bartelsdorf 3 F
*Barterode 8 G P
Barthausen 6 D
Barthe 3 C
Bartmannsholte 4 C
*Bartolfelde 8 H PT
Barum b. Wolfenbüttel 6 H EPT
*Barum b. Uelzen 4 H J PT
*Barver 5 D PT
*Barwedel 5 J
*Basbeck 2 F EPT
Basdahl 2 E PT
*Basedow 2 J EPT
*Basse 5 F
*Bassel 4 G
*Bassen 3 F PT
*Bassens 1 C
*Bassum 4 E EPT
Basthorst 2 H
Battinghausen 6 D
Baum 6 E F
Baumgarten 1 L PT
Bausenhagen 8 C
*Baven 4 H
*Bavendorf 3 J E
*Bawinkel 5 B PT
*Beber 6 F
Beberbeck 8 F PT
Beberstedt 9 H
Bebra 9 J
Bechtrup 7 B
*Beckdorf 2 G
Beckedorf P. Lindhorst 6 F
*Beckedorf P. Hermannsburg 4 H

*Beckeln 4 D
Beckendorf 6 K
*Becklingen 4 G
*Beckstedt 4 B
Beckum b. Münster 7, 8 C EPT
Beckum i. Oldenburg 2 D
Beddingen 6 H
Bederaspel 2 B
*Bederkesa 2 E EPT
Bederkesaer See 2 E
*Bedinghausen 5 C
*Beedenbostel 5 H PT
Beekum 6 A
Beelen 7 C EPT
Beendorf 6 D E
Beerta 3 A
Beese 4, 5 L
Beessen 7 C
*Beesten 5 B EPT
Beetzendorf 5 K EPT
Behlendorf 2 J
Behndorf 6 K
*Behningen 4 G
Behnsdorf 6 K EPT
*Behren 4 J
Behrend 4 L
Behrensch 1 E
*Behringen 3 G
Beichlingen 9 K PT
Beichlingen, Schloß 9 K
Beidendorf 1 K
Beidenfleth 1 F PT
*Beienrode 6 J PT
Beifauk 8 B
Beikelort 7 A
*Beinhorn 5 G
*Beinum 7 H P
Bekhausen 3 D
Belecke 8 D EPT
Belkau 5 L
Beller 7 D
Bellersen 7 F PT
Bellevue 3 K
Bellin 1 M
Bellingen b. Pinneberg 2 G
Bellingen b. Stendal 5 L
Bellingwolde 3 A
Bellstedt 9 J
*Belm 6 C EPT
Below 2 M P
Belsch 3 K
Belsdorf 6 K
*Belum 1 E PT
*Bemerode 6 G P
Bendeleben 9 K PT
Bendelin 4 M
*Bendestorf 3 G
*Bendingbostel 4 F EPT
Bendwisch 3, 4 L
*Benefeld 4 G
Ben Hool 4 A
*Benhorn 4 G
*Benkeloh 3 G
Benkhausen 9 E
Benneckenstein 8 J PT
*Benniehausen 8 H
*Bennigsen 6 G EPT
Bennin 2 J PT
Benninghausen b. Lippstadt 8 D
Benninghausen b. Lippstadt 8 D EPT
*Benninghöfen 3 G
Bennungen 8 K EPT
*Bensen 4 E

*Bensersiel 2 B C PT
Benshausen 8 E
Benstrup 4 C
Bentfeld 8 E
*Beuthe 6 G
*Bentheim 6 A B EPT
Beuthen 2 M
Bentierode 7 G H
Beulage 6 B
Bentrup 6 E
*Bentwisch 1 F
Benz in Mecklenburg-Schwerin 1 L
Benz P. Altjabel 3 K
*Benzen 4 G
Benzin 2 M PT
Benzingerode 7 J
*Beppen 4 E F
*Berdum 2 C
Berel 6 H
Berendshagen 1 L
Berenkämpen 6 E
*Berenshausen 8 H
Berg 9 F
Berga 8 K EPT
Berge P. Volmarstein 9 D
Berge P. Hamm 8 C
Berge P. Anröchte 8 D
Berge P. Gardelegen 5 K
Berge P. Werben i. A. 4 M
*Berge P. Emsbüren 5 A
*Berge b. Fürstenau 5 C PT
Bergedorf b. Hamburg 2 H EPT
*Bergedorf P. Worpswede 3 E
*Bergen b. Celle 4 G PT
*Bergen a. d. Dumme 4 J EPT
Bergfeine 5 D
Bergfeld 5 J
Berghausen 9 F
Bergheim i. Waldeck 9 F PT
Bergheim i. Westf. 7 E F EPT
Bergkirchen i. Westf. 6 E PT
Bergkirchen i. Lippe P. Hagenburg 5, 6 F
Bergrade 2 L
Bergstedt 2 H PT
Bergstraße 5 B
Bergstrup 4 D
Bergzow 6 M EPT
Berich 9 E
Beringhausen 9 E
Berka 9 J K EPT
Berkau 5 L
*Berkhof 5 G
Berklingen 6 J
Berl 7 C
Berlingerode 8 H PT
Berlitt 4 M E
Bernburg 7 L EPT
Berndorf 9 E EPT
Berne 3 D EPT
Bernheide 3 L
Bernitt 1 L PT
Bernterode 9 J PT
*Bersenbrück, Amt u. Stift, 5 C EPT
Berßel 7 J EPT
Bertingen 6 L
*Berum 2 B
*Berumerfehn, Col., 2 B PT

Besandten 3 K PT
Besenkamp 6 D
Besenthal 2 J
Besitz 3 J
Besse 9 F PT
Bessingen 6 F
*Bessen 5 C
Bestwig 9 D EPT
*Betheln 6 G
Bethen 4 C
Bettenhausen 9 F G EPT
Bettingerode 7 J
Bettinghausen 8 D PT
*Bettmar 6 H PT
*Bettrum 6 H PT
*Betzendorf 3 H
*Betzhorn 5 J
*Beuchte 7 J
Beuningen 6 A
Bevenrode 6 J
*Bevensen P. Hagen 5 F
*Bevensen a. d. Ilmenau 3 J EPT
Beverbruch 4 C D
Bevergern 6 B PT
Bevern b. Holzminden 7 F G PT
Bevern P. Barmstedt 1 G
*Bevern b. Bremervörde 2 F PT
*Beverstedt 2 E PT
Beverungen 8 F EPT
*Bexhövede 2 E
*Bexten 6 B
Bexternhausen 7 E
Bias 7 M
Bibow 1 L
Bickenriede 9 H PT
Biederitz 6 L EPT
Bielefeld 7 D EPT
Bielen 8 J PT
Bielenberg 1 F
Bielstein, der, 9 G
Biemsen 7 E
*Biene 5 B
*Bienenbüttel 3 H EPT
*Bierbergen 6 H PT
*Bierde P. Ahlden 4 F
Bierde P. Lahde 6 E
*Bierden 4 E
Biere 7 L PT
Bierum 2 A
Bieste 5 C
Bigge 9 D PT
*Bilderlahe 7 H
Bilk 6 B
Billeben 9 J
Billerbeck 7 A PT
Billwärder 2 H PT
*Bilm 6 G
Bilme 8 C
Bilsen 1 G
*Bilshausen 8 H EPT
Bilzingsleben 9 K PT
*Bimolten 5 A
Binde 4 K PT
Bindfelde 5 L
*Bingum 3 B PT
*Binnen 5 F
*Bippen 5 C EPT
Birgte 6 B C
Birkenfelde 9 H
Birkholz 5 L
Birkungen 9 H EPT
Bischhagen 9 H
Bischhausen b. Waldkappel 9 G EPT

Bischhausen bei Witzenhausen 9 G
Bischofferode 8 H J PT
Bisdorf 7 L
Bismark 5 L EPT
Bisperode 6, 7 F PT
*Bispingen 3 G PT
*Bissendorf b. Mellendorf 5 G EPT
*Bissendorf b. Osnabrück 6 D PT
*Bitter 3 K
Bittkau 5 L M PT
Bläsendorf 3 M PT
Blätz 6 L
Blank 1 H
Blankenau 8 F
Blankenberg 1 L EPT
Blankenburg am Harz 7 J K EPT
Blankenburg i. Schwarzburg 9 J EPT
Blankenburg P. Oldenburg 3 D
Blankenese 2 G EPT
Blankenrode 8 E
Blankensee b. Lübeck 1 J E
Blasheim 6 D PT
Blauhand 2 C
*Blaukirchen 2 B
*Bleckede 3 J EPT
Bleckendorf 7 L PT
*Bleckmar 4 G
*Bledeln 6 G
Bleicherode 8, 9 J EPT
Bleiwäsche 8 E
*Blender 4 F PT
*Blersum 2 C
Blessenohl 9 C D
Blexen 2 D PT
*Blickwedel 4 H
*Bliedersdorf 2 G
Blickershausen 9 G
Bliestorf 1 J PT
Blievenstorf 3 L P
Blomberg 7 F PT
Blücher 3 J PT
Blüthen 3 L PT
*Blütlingen 4 K
Blumenberg 7 K L EPT
*Blumenhagen 6 H
*Blumenthal a. d. Weser 3 D EPT
Blumenthal in d. Prignitz 3 M EPT
Blyham 3 A
Boberow 3 L PT
Bobzin 2 K EP
Bochin 3 L
*Bockel b. Beverstedt 2 E
*Bockel b. Zeven 3 F
*Bockel b. Uelzen 4 J
Bockelnhagen 8 H J PT
*Bockenem 7 H EPT
*Bockensdorf 5 J
Bockholt b. Recklinghaus. 8 A
Bockholt b. Münster 7 C
*Bockholt P. Billerbeck 4 J
*Bockholte 4 C
*Bockhorn P. Düshorn 4 G
Bockhorn, Oldenburg 2 C EPT
Bockhorst b. Bielef. 6, 7 D PT
*Bockhorst P. Westrhauderfehn 4 B

*Bockraden 6 C
Bockum P. Recklinghaus. 8 B
Bockum b. Werne 8 C
Bockup 3 K
Bockwiese 7 H
Bockwinkel 3 E
Boddin 2 K
Bodenburg 7 G H PT
Bodendorf 6 K
*Bodenfelde 8 G EPT
Bodenhausen 9 F PT
Bodenstedt 6 H PT
*Bodenteich 4 J P
*Bodenwerder 7 F G PT
*Böckelse 5 H
Böckenförde 8 D
Böddeker 8 E
Böddensell 6 K
*Böddenstedt P. Suderburg 4 H
Böddenstedt b. Salzwedel 4 K
Bödefeld 9 D PT
Bödexen 7 F
*Böhmerwold 3 B
Böhne 5 M
Bökel 7 D
Boekelo 6 A
Bökendorf 7, 8 F
Böllerberg 9 D E
Bölsdorf 5 L M PT
Bölzke 3 M E
Bömenzien 4 L
*Boen 4 5 C
Bönen 8 C
*Bönnien 7 H
Bönningstedt 2 G EPT
Boer 3 A
*Börger 4 B PT
Börnecke 7 K EPT
Börninghausen 6 D
Böringhausen 5 D
*Börry 7 F PT
Börßum 7 J EPT
*Börstel 5 E
Bösdorf 5 K PT
*Bösel P. Lüchow 4 K
Bösel P. Friesoythe 4 C
*Bösen 4 J
Bösensell 7 B PT
Bösingfeld 7 E F PT
Bössow 1 K
*Bötersen 3 F
Böthenhellingen 9 J
Boffzen 8 F PT
*Bohlsen 4 H
*Bohmte 6 D EPT
*Bohndorf 3 J
*Bohnhorst 5 E
Boiensdorf 1 L
Boimstorf 6 J
Boitin 1 L
*Boitze 3 J
*Boitzen 3 F
*Boitzenhagen 5 J
Boizenburg 3 J EPT
Boke 8 D P
Bokel P. Dauenhof 1 G
*Bokel b. Diepholz 5 D
Bokel b. Oldenburg 3 D
Bokel b. Tetern 3 C
*Bokel P. Papenburg 3 B
Bokel b. Cloppenburg 4 C D
Bokelesch 3 C

*Bokeloh P. Wunstorf 5, 6 F
*Bokeloh P. Meppen 4, 5 B EPT
Bokern 5 D
Bokholt 1 G
Boldebuck 1 M
Bolkow 1 L
*Bollen 4 E
*Bollensen 8 G
*Bollersen 4 G
Bollingen 3 C
Bollstedt 9 J EPT
*Bolsehle 5 F
Boltenhagen 1 K PT
*Boltersen 3 J
*Bommelsen 4 G
*Bonaforth 9 G
Bonenburg 8 E F EPT
Bonese 4 J PT
Bonneberg 6 E
*Bonstorf 4 G H
Bontkirchen 9 E
Book 4 L
Boostedt 1 G EPT
*Borchel 3 F
*Bordenau 5 F
*Borg 4 G
Borgeln 8 C EPT
Borgentreich 8 F PT
Borger 4 A
Borgesdorf 7 L M
Borgfeld 3 E PT
Borgholz 8 F EPT
Borgholzhausen 6 D EPT
Borghorst 6 B EPT
*Borgloh 6 D PT
Borgsweer 3 A
Boringen 8 G H
Bork 8 B EPT
Borken 7 A EPT
*Borken 4 B
Borkenberge, die, 7 B
Borkow 2 L EPT
*Borkum, Insel 2 A
*Borkum, Ort 2 A PT
Borlinghausen 8 E
Born 6 L
Bornberg, der, 1 H
Borne b. Staßfurt 7 L PT
Borne b. Delden 6 A PT
Bornhausen 7 H EPT
*Bornsen 3 H
Bornstedt 6 K
Borntosten 9 E
*Bornum b. Hannover 6 G
Bornum P. Zerbst 7 M
Bornum b. Königslutter 6 J EPT
Borstel P. Sülfeld 1 H
Borstel b. Pinneberg 1 G
*Borstel P. Jork 2 G
*Borstel P. Himmelpforten 2 F.
*Borstel b. Nienburg 5 F PT
*Borstel P. Bispingen 3 G
*Borstel P. Achim 4 E F
*Borstel P. Winsen a. d. Luhe 3 H
Borstel P. Stendal 5 L
*Borstel b. Siedenburg 5 E
Borstorf 2 J
*Borsum P. Aschendf. 3, 4 B
*Borsum b. Hildesheim 6 G H P
Bortfeld 6 H
*Borwede 4 E
Borxleben 9 K
*Bosse 4 F
Bossendorf, Dorf u. Stift 8 B
Bossow 2 M
*Bostelwiebeck 3 J
*Bothel 3 F
*Bothfeld 5, 6 G
*Bothmer P. Schwarmstedt 5 G
Bothmer P. Klütz 1 K
*Bottorf 5 C
Bourtange 4 B
Bourtanger Moor 4 A B 5 A
*Bovenden 8 G EPT
Bovenstreek 3 B
Braak b. Steinbeck 1 H
Braak b. Eutin 2 H
Brabecke 9 D
Bracht P. Oedingen 9 C D
Bracht b. Ahlen 7 C
Brack, neue, das, 1 C
*Brackede 3 J PT
*Brackel 3 H E
Brackwede 7 D EPT
Brahlstorf b. Brüel 1, 2 L
Brahlstorf b. Boizenburg 3 J EPT
Brake i. Oldenburg 3 D EPT
Brake b. Wildeshausen 4 D
*Brake P. Siedenbg. 4, 5 E
Brake i. Westf. 7 D E EPT
Brake P. Lemgo 7 E
Brakel 8 F EPT
Brakelsiek 7 F PT
Brambach 7 M
*Brambostel 4 H
*Bramel 2 E
Bramfeld 2 H PT
*Bramhaar 5 B
Bramloge 3 D
*Bramsche b. Lingen 5 B PT
*Bramsche b. Osnabrück 5 C EPT
*Bramstedt b. Geestemünde 3 E PT
Bramstedt i. Holstein 1 G EPT
*Bramwald, der, 8 G
*Brande 2 G
Brandenstein 6 M
*Brandlecht 5 A
Branstorf 2 H
*Brase 5 F G
*Braune Moor, das, 2 B
Braunlage 8 J PT
Braunschweig 6 J EPT
Braunschwende 8 K
Brax-Berg 8 E
*Brecklenkamp 5 A
*Breddenberg 4 B C
Breddin 4 M EPT
*Breddorf 3 F
Bredelar 9 E EPT
*Bredelem 7 H
*Bredenbeck 6 G PT
Bredenbekshorst 1 H
*Bredenbock 3 J
Bredenborn 7 F PT
*Breese 3, 4 K PT
Breesen 1 M PT
*Breetze 3 J
Bregenstedt 6 K
Brehme 8 H P
*Breinermoor 3 B
Breischen 6 B
Breitenbach im Eichsfeld 9 H EPT
Breitenbach am Harz 8 K PT
Breitenbach b. Cassel 9 F PT
*Breitenberg P. Duderstadt 8 H
Breitenberg P. Itzehoe 1 G
Breitenburg 1 G
Breitenfeld 5 K
Breitenfelde 2 J PT
Breitenhagen 7 M PT
*Breitenhees 4 H
Breitenrode 5 J K
Breitenstein 8 J K P
Breitenworbis 9 H PT
*Breithorn, das, 4 H
*Brelingen 5 G
*Breloh 4 H
Bremen i. Westf. 8 C PT
Bremen a. d. Weser 3 E EPT
Bremerhaven 2 E EPT
*Bremervörde 2 F EPT
*Bremke b. Götting. 8 G H PT
Bremke b. Meschede 9 D PT
Bremke b. Salzhemmendorf 7 G PT
Bremke i. Lippe 6 F PT
Bremscheid 9 C D
Brendorf 1 J
Brenken 8 D PT
Brenkhausen 7 F PT
Bresch 3 L
Bresegard P. Eldena 3 K
Bresegard P. Picher 3 K
*Breselenz 3, 4 K
*Brest 2 F
Bretleben 9 K
Bretsch 4 L
Brettin 5 M
Brettorf 4 D
Bretzetze 3, 4 K
Bretzin 2 J
Breuna 9 F PT
*Breustian 4 K
*Brevörde 7 F PT
Brewitz 4 K
Brexen 8 E
Briesenhagen 4 M
Briesenthal 6 M
Briest 5 L
*Brietlingen 3 H
*Brill 2 C
*Brillit 2 E
Brilon 9 D EPT
*Brinck P. Langenhag. 5 G
Bringhausen 9 E
Brink b. Ahaus 6 A
*Brinkum 4 E PT
*Brobergen 2 F
*Brochdorf 4 G
*Brochthausen 8 H
Brock P. Ostbevern 6, 7 C
Brock b. Ahaus 6 A
Brockdorf i. Schleswig 1 F
Brockdorf P. Lohne 5 D
*Brockel 3 F PT
Brocken, der, 7 J EPT
Brockhagen 7 D PT
*Brockhausen 6 D
*Brockhöfe 4 H EPT
*Brockmerland 2 A
Brockstedt 1 G
*Brockum 5 D
*Brockzetel, Col. 2 C
*Bröckel 5 H PT
*Brögbern 5 B
Broekheurne 6 A
Brönninghausen 7 D E
Broistedt 6 H EPT
*Brokeloh 5 F
*Brome 5 J PT
Brook 2 M
Brothen 1 J
*Brual 3 B
Bruch 6 C EPT
*Bruch Berg 7, 8 H J
Bruchhausen 9 D PT
Bruchhauser Steinbrüche 9 D
Bruchstedt 9 J
Bruckhausen 8 A
Brüchau 5 K
Brücken 8 K PT
Brüddewarden 2 D
Brüel 1 L EPT
Brügge 3 M E
Brüllingsen 8 D
*Brümsen 4 E
*Brünhausen 5 E
Brünscheid 9 C
Brüntrup 7 E
Brüsewitz 2 K
*Brüttendorf 3 F
Brumby 7 L PT
Brunau 4 L EPT
Brunkensen 7 G PT
Brunow 3 L
Brunsbüttel 1 F EPT
Brunsen 7 G
*Brunshausen 2 E
Brunskappel 9 D PT
Buch 5 L M PT
*Buchholz P. Fischerhude 3 F
Buchholz P. Pritzwalk 3 M
*Buchholz b. Harburg 3 G EPT
Buchholz P. Stendal 5 L
*Buchholz P. Schwarmstedt 5 G
*Buchholz am Harz 8 J PT
Buchholz i. Mecklenburg-Schw. 1 L PT
*Buchhorst 5 E
Buckau (Magdeburg) 6 L EPT
Buckau P. Ziesar 6 M
Buckow 5 M EPT
Büchel 9 K
Büchen 2 J EPT
Büchenberg 7 J
*Büchten 4, 5 F G
*Bückau 3 K
Bückeberge, die, 6 F
Bückeburg 6 E F EPT
*Bückelte 5 B
*Bücken 4 F PT
Bücknitz 6 M
Büddenstedt 6 J K EPT
Büderich 8 C PT
Bühle b. Arolsen 9 E F
*Bühle P. Nörten 8 G H
Bühlitz 4 J K
Bühne b. Borgentreich 8 F PT

Bühne P. Osterwieck 7 J P
Bühren i. Oldenbg. 3 E
*Bühren P. Dransfeld 8 G
Bühren b. Kloppenbg. 4 D
Bühren b. Kolnrade 4 D
*Bühren P. Lemke 5 F
*Bülkau 1 E PT
Bülow P. Rehna 1 J
Bülow P. Demen 2 L
Bülstringen 6 K
Bümmerstede 3 D
Bünde 6 D EPT
Bündheim 7 J
Bünne 5 C
*Buer 6 D PT
Büren i. Westf. 8 D E EPT
Büren b. Coesfeld 7 A
*Büren P. Mariensee 5 F G
Bürstel i. Oldenbg. 4 D
*Bürstel P. Heiligenrode 4 G
Büste 5 L
Bütendorf 6 D E
*Büttingen 3 H
Büttel b. Wilster 1 F EPT
Büttel b. Berne 3 D
Büttstedt 9 H PT
Bützer 5 M
*Bützfleth 2 F PT
*Bützflether Moor 2 F
Bützow 1 M EPT
Buhlen 9 F
Buinen 4 A
Buiner Veenen 4 A
Buke 8 E ET
Bukow 3 M
Buldern 7 B EPT
Bullendorf 1 G
*Buller Berg, der, 3 F
Bulzendorf 5 D
*Bunde 3 B EPT
*Bunkenburg 5 H
Burg b. Kassel 9 F
Burg b. Goddelack 1 F PT
Burg a. d. Jhle 6 L EPT
Burgbossendorf 8 A
*Burgdorf b. Börßum 7 H J PT
*Burgdorf (Hannover) 5 G H EPT
Burgdorf P. Lesse i. Br. 6 H E
*Burger Gebirge, das, 6 C
Burghaltern 8 A
Burgstall 5 L PT
Burgstedt 6 E
Burgsteinfurt 6 B EPT
Burgusfeln 9 F
Burgwedel 2 G PT
Burgwenden 9 K PT
*Burhafe 2 C EPT
Burhave 2 D PT
*Burlage P. Westrhauderfehn 3 B
*Burlage P. Lembruch 5 D
*Burmönken 2 C
Burow 2 M
*Bursfelde 8 G
*Burweg 2 F
Burwinkel 3 D
Busch 4 M
*Bussau 4 J K
*Butforde 2 C
Butjadinger Land 1 F
Buurse 6 A
*Buxtehude 2 G EPT
Buxtrup 7 B

*Byhusen 2 F
Bymöhlen 1 G

*Caarßen 3 K P
*Cacherin 3 K
*Cadenberge 1 F EPT
*Calbe 3 G
*Calberlah 5 J
Calden 9 F PT
*Calle 4 E F PT
Calveslage 4 D E
Calvörde 6 K EPT
Cambs 2 L PT
Camin 2 J
*Cammerborn 8 G PT
Campe i. Oldenburg 3 C
*Campe P. Kluse 4 B
*Campe P. Stade 2 F
*Campen, Ostfriesld. 2 A
*Campen P. Welle 3 G
*Campen P. Vorstel 5 C
*Camschlacken 8 H
*Canhusen 2 B
Cannawurf 9 K PT
Capelle 8 B
*Capern 4 L
*Cappel 1 E E
Cappeln 4 D PT
Cappenberg 8 B PT
Carlow 1 J PT
Carlschanze 8 E
*Carlshöfen 3 E
*Carolinensiel 1, 2 C EPT
Carum 5 C D
*Cassebruch 3 E
Castorf 1 J
*Catemin 3 J
Catenhorn 6 B
*Catlenburg 8 H EPT
Cattenstedt 8 J 7 K PT
*Celle 5 G H EPT
Charlottenthal 1, 2 M
Cheine 4 K P
Christiansburg, ehemal. Fort, 2 D
Chüttlitz 4 K
*Cirkwehrum 2 B
Clarholz 7 D EPT
*Clauen 6 G H EPT
*Clausthal 7 H EPT
*Clemenswerth 4 B
*Clenze 4 J PT
Clettenberg 8 J PT
Clettstedt 9 J
Cleverns 2 C
Cloppenburg 4 C EPT
Cobbenrode 9 C D PT
Coberg 2 H J
Coevorden 5 A
*Coldinne 2 B
*Colenfeld 6 F PT
*Collase 3 J
*Collinghorst 3 B PT
Collow 2 H
Collstede 2, 3 C
Collstedt 2, 3 D
*Colnrade 4 D PT
Conneforde 3 C
Consrade 2 K L
Corvey 7 F
Cramon 1 K
*Cranenburg 2 F
*Cranz 2 G PT
Crapendorf 4 C D
*Creutzen 4 H
Crildummer-Siel 2 C
Cronsforde 1 J

Cronshorst 2 H
*Crummasel 4 K
Crummesse 1 J PT
Cülte 9 E F
Cumlosen 4 L EPT
Curau 1 J EPT
Curslak 2 H PT

Dabel 2 L EPT
Dachrieden 8 H EPT
*Dachtmissen 5 G H
Dadow 3 L
Dägeling 1 F
Dähre 4 J PT
Dämmer Wald 7, 8 A
Dänikhorst 3 C
*Daensen 2 G
Dahl 8 E
*Dahldorf 3 E
Dahle 9 C PT
Dahlen 5 L
*Dahlenburg 3 J EPT
Dahlener See 2 E
Dahlenwarsleben 6 L PT
Dahlhausen 3 M
*Dahlum 7 H E
Dahrendorf 4 J
Dalberg 1 K
Dalchau b. Ziesar 6 M
Dalchau b. Rathenow 5 M
Dalchau b. Dessau 7 M
Dalen 5 A
Dalhausen 8 F
Dalheim 8 E
Dalinghausen 6 D
*Dalldorf P. Meinersen 5 H
*Dalldorf P. Suhlendorf 4 J
Dalldorf b. Oldesloe 1 H
Dalldorf b. Kroppenstedt 7 K
*Dalle 4 H
Dallmin 3 L PT
*Dalum P. Großhesepe 5 B
*Dalvers 5 C
Dalwigksthal 9 E PT
Dambeck b. Schwerin 1 K
Dambeck b. Grabow 3 L
Dambek b. Salzwedel 4 K EPT
Damelack 4 M
Damerow 2 L EPT
Damm b. Parchim 2 L
Damm b. Recklinghs. 8 A
Damme i. Oldenburg 5 D PT
Dammwolde 3 M
*Damnatz 3 K PT
Damshagen 1 K
Dangast 2 D PT
*Dankern 4 B
Dankerode 8 K PT
Dankersen 6 E
Danndorf 5 J
Dannefeld 5 K
*Dannenberg 3 K EPT
*Dannenbüttel 5 J
Dannenwalde 4 M EPT
Dannigkow 6, 7 L M
Dannstedt 7 J E
*Darchau 3 J PT
Dardesheim 7 J EPT
Darfeld 7 B EPT
Dargardt 3 L
Dargelütz 2 L

Dargow 2 J
Darlingerode 7 J
*Darrigsdorf 4, 5 J
Darz 2, 3 M
Darze 2, 3 M
Daseburg 8 F
*Dassel 7 G EPT
Dassendorf 2 H
Dassow 1 J PT
Datteln 8 B PT
Dauelsberg 4 E
*Dauelsen 4 F
Davensberg 7 B PT
*Daverden 4 F PT
*Deblinghausen 5 E
*Debstedt 2 E
Dechow 1 J
Deckbergen 6 F PT
*Dedelstorf 5 H J
*Dedenhausen 5 H E
*Dedensen 6 F EP
Dedesdorf 2 D PT
Dedinghausen 8 D
*Deelsen 4 F
Deensen 7 G EPT
*Deepen 3 G
Deersheim 7 J PT
Deesdorf 7 K
Deetz b. Gardelegen 5 L
Deetz b. Zerbst in Anhalt 6, 7 M
Dehausen 8 E
*Dehmke 6, 7 F
*Dehnsen 7 G
Dehringhausen 9 E
Deibow 3 L
*Deichsende 1 E
*Deiderode 9 G
Deilinghofen 9 C PT
*Deimern 4 G
Deindrup 4 D
*Deinsen 6 F
*Deinste 2 F PT
*Deinstedt 2 F
Deisel 8 F
*Deister Gebirge, das, 6 F G
*Deister, der kleine, 6 G
Delbrück 7 D PT
Delden 6 A
Delfzyl 3 A PT
Delingsdorf 2 H
*Delliehausen 8 G
*Dellien 3 J PT
Delligsen 7 G PT
Dellnau 7 M PT
Dellwig 8 B C
Delmenhorst 4 E EPT
Delstrup 7 B C
Demen 2 L PT
Demern 1 J
Demerthin 4 M EPT
Demker 5 L EPT
Denekamp 5, 6 A
Denstorf 6 H
Derben 5 M PT
Derenburg 7 J K EPT
Derenthal 8 F
Dergenthin 3 L EPT
Dermsdorf 9 K
Dernekamp 7 B
Dersenow 2, 3 J
*Dersum 4 B
Desenberg 8 F
*Desingerode 8 H
Dessau i. Anh. 7 M EPT
Dessau b. Rathenow 5 M
Destedt 6 J PT

Destel 6 D
*Detern 3 C PT
Detershagen 6 L
*Dethlingen 4 H
Detmold 7 E EPT
Dettum 6 J EPT
*Deuna 9 J PT
Deuringen 6 A
Deute 9 F
Deuten, der, 8 A
Deutsch 4 L
*Deutsch-Evern 3 H P
Deutsch-Horst 4 J K
Deutsch-Pretzier 4 K
Dewitz 4 L
*Dibbersen b. Harburg 3 G
Dibbersen b. Syke 4 E
*Dickel 5 D
Dicke Weib 7 C
*Dickfeitzen 4 J
*Didderse 6 H
Diebzig 7 M
Dieckerort 6 E
*Diedersen 6 F
Diedorf 9 H PT
Diedrichshagen 1 K PT
Dieker Ort 5 D E
Diekhof 1 M
*Dieckholzen 6 G
*Diele 3 B
*Dielingdorf 6 D
Dielingen 5 D PT
Dielmissen 7 G PT
*Diemarden 8 G
Diemel 9 E
*Diepenau 5, 6 E PT
*Diepholz 5 D EPT
*Diersbüttel 3 H
Dierstorf P. Amelinghausen 3 G
Diesdorf b. Magdeburg 6 L PT
Diesdorf b. Salzwedel 4 J PT
Diesdorf b. Köthen i. A. 7 M
Diestedde 8 C D PT
*Diesten 4 H
Dietersdorf 8 K
*Dietrichsfeld, Kol., 2 B
Dietzen 9 G H
*Dingelbe 6 H PT
Dingelstädt a. Eichsfeld 9 H EPT
Dingelstedt b. Magdebg. 7 J K EPT
*Dingen 2 D PT
Dingstede 3, 4 D
Dinklage 5 D PT
*Dinklar 6 H PT
Dinschede 9 C D
*Dipshorn 3 F
Dissau 1 J
Dissen b. Kassel 9 F
*Dissen b. Osnab. 6 D EPT
Ditfurt 7 K EPT
*Dittmern 4 G
*Ditzum 3 B PT
Dobbertin 2 M PT
Dobbin 2 M PT
Dobbrun 4 L
Dobritz 7 M
Dodendorf 7 L EPT
Dodow 2 J
Döbbersen 2 K
Döberitz 5 M E
*Döhlbergen 4 F

*Döhle 3 G H
Döhlen 4 D
Döhren bei Weferlingen 6 K ET
*Döhren b. Syke 5 E
*Döhren bei Hannover 6 G PT
Dölln 4 M
Dömern 7 A
Dömitz 3 K
Dönhausen 4 F
Dönitz 5 K EPT
*Dönsel 5 D
Dönstedt 6 K
*Dören-Berg, der, 6 C
*Dörenburg 6 C
Dörenhagen 8 E
Dörna 9 H
Dörnberg 9 F PT
Dörnhagen 9 F
Dörnitz 6 M PT
*Dörpe 6 G
*Dörpel 5 D E
*Dörpen 4 B EPT
*Dörrieloh P. Barrel 5 E
*Dörrieloh P. Affinghausen 4 E
*Dörverden 4 F EPT
Döse 1 E PT
*Döthen 5 C
Döttlingen 4 D
*Dohren b. Lüneburg 3 G
Dolberg 8 C PT
Dolchau 5 L
*Dolgen 6 H
Dollart, der, 3 B
Doll-Berg, der, 5 L
*Dolldorf 5 F
Dolle 5 L
*Dollern 2 F ET
Domersleben 6 K L PT
Donndorf 9 K EPT
*Donnern 2 E
*Donstorf 5 D E
*Dorfhagen 3 E
Dorf-Itter 9 E
*Dorfmark 4 G
Dorla 9 F
Dorlar 9 D PT
Dornbock 7 L M
Dornburg 7 L M EPT
*Dornbusch 1 F PT
*Dornsode 2 E F
*Dornum 2 B EPT
*Dornummersiel 2 B PT
*Dorstadt 6 J
*Dorste 8 H PT
Dorsten 8 A EPT
*Dorum 2 E EPT
Dorup 7 B
*Drage 1 F PT
*Drakenburg 5 F PT
Drakenstedt 6 K EPT
*Drangstedt 2 E EPT
*Dransfeld 8 G EPT
*Drantum 4 D
Drasenbeck 9 D
Drebenstedt 5 J
Drechen 8 C
*Drecke 5 D
Dreckrögen 2 K L
Drefahl 3 L
Dreggers 1 H
Dreierwalde 6 B PT
Dreileben 6 K EPT
*Dreilingen 4 H
Dreilützow 2 K

Dreislar 9 E
Drenkow 3 M
Drennhusen 2 H
Drensteinfurt 7 C EPT
*Drentwede 4, 5 D E E
Dresel 9 C
Dresselhausen 5 B C
*Drethem 3 J
Dretzel 6 M PT
Dretzen 6 M
Drever 8 A
Dreveskirchen 1 L PT
Drewen 4 M
Drewer 8 D
Drewitz 6 M EPT
*Dreye 4 E EPT
Driburg 8 E EPT
Drieberg 2 K
Drieborg 3 B
Driefel 2 C
*Driever 3 B
Drievörden 6 B
*Driftsethe 2, 3 E PT
Dringenberg 8 F PT
Dringenburg 3 C D
*Drispenstedt 6 G
*Drittgeest 2 E
*Drochtersen 2 F PT
Dröbel 7 L PT
*Drögenbostel 4 G
*Drögen-Nindorf 3 H
Drömling, der, 5 K
Drohne 5 D
Drosa 7 M
Drouwen 4 A
Drouwenerveen 4 A
*Druchhorn 5 C
Drübeck 7 J EPT
Drüggelte 8 C PT
Druxberge 6 K PT
Duckmar 7 C
Dudenrode 9 G
*Dudensen 5 F
*Duderstadt 8 H EPT
*Düdenbüttel 2 F
*Düderode 7 H
*Düdinghausen b. Stolzenau 5 E
Düdinghausen b. Arolsen 9 E
Düke 2 D
Düllo 8 C D
Dülmen 7 B EPT
Dülseberg 4 J
Dümmer 2 K
Dümmer See, der, 5 D
Düen, der, 9 H J
Düngsen 9 C
Düngstrup 4 D
Duenne 6 D E
*Dünsche 4 K
*Dünsen 4 E
Düpow 3 L
*Düring 2 E
*Düshorn 4 G PT
Düssin 3 J K
*Düste 5 D
*Düthe 4 B
Dütschow 2 L
Dützen 6 E PT
*Düvels Moor (Arter Moor) 2 B
*Duhm 8 H
Duhnen 1 E PT
*Duingen 7 G EPT
*Duisenburg 5 B
Dumte 6 B

*Dungelbeck 6 H
Dunkelsdorf 1 J
Duttenstedt 6 H
Duvensee 2 J
Duvenstedt 2 H
Dwergte 4 C
*Dykhausen 2 C

Ebbegebirge 9 C
Ebberg 9 C
Ebbesloh 7 D
*Ebbingen 4 F G
Ebbinghausen 8 E
Ebeleben 9 J EPT
Ebendorf 6 L PT
*Ebergötzen 8 H PT
*Eberhausen 8 G
Eberschütz 8 F
*Ebersdorf 2 E F PT
Ebesen 6 E
Ebra 9 J
*Ebstorf 4 H EPT
*Echem 3 H J EPT
*Echte 7 H PT
Echteler 5 A
Echthausen 8 C PT
Echtrop 8 D
Eckel 7 C
Ecklingerode 8 H
Eckwarden 2 D
Eddelak 1 F EPT
*Eddigehausen 8 G H
*Edemissen bei Einbeck 7, 8 G PT
*Edemissen b. Peine 6 H PT
Edendorf b. Itzehoe 1 F E
*Edendorf b. Uelzen 3 J
Edersleben 9 K PT
*Edesheim 8 G EPT
Edewecht 3 C PT
Eest 4 A
Eext 4 A
Eexta 3 A
Eexterveen 3 A
Effelder 9 H PT
Effeln 8 D
Egeln 7 K L EPT
*Egels 2 B
*Egestorf a. Deister 6 F EPT
*Egestorf bei Lüneburg 3 H PT
Egge 8 E
*Eggelingen 2 C
Eggeloge 3 C
*Eggerkamp 1 F
*Eggermühlen 5 C
Eggerode 7 B
Eggersdorf bei Magdeburg 7 L EPT
Eggersdorf b. Pritzwalk 3 M
Eggershausen 3, 4 C
Eggerstedt 2 G
*Eggestedt 3 E
*Ehestorf 2 G
Ehlen 9 F PT
*Ehlershausen 5 G H ET
*Ehra 5 J
Ehrdissen 7 E
Ehrenberg, der, 8 J
*Ehrenburg 4 E PT
*Ehrhorn 3 G
Ehringen 9 F E
Ehringhausen 8 B
Ehrsen 7 E

Ehrsen 9 F
*Ehsel 8 B
*Eich-Berg 7 H
Eichede 2 H PT
Eichelberg 1 L
Eichenbarleben 6 K PT
Eichenberg 9 H ETP
Eichholz 7 M
*Eichsfeld 8, 9 H
Eichstedt 5 L EPT
*Eickedorf 3 E
*Eickeloh 4, 5 G EPT
Eickendorf 7 G
Eickendorf 6 K EPT
*Eickenrode 5 H
*Eickhöpen 5 D
Eickhoff 8 D
Eickhorst 6 E
Eidelstedt 2 G EPT
Eiden 8 D
Eider Sind-Feld 8 G
Eigenrieden 9 H
Eigenrode 8 H
Eikeloh 8 D
Eikendorf 7 L
*Eilensen 7 G E
Eilenstedt 7 K EPT
Eilsdorf 7 J K PT
Eilsen 6 F PT
Eilsgat 2 A
Eilsleben 6 K EPT
*Eilsum 2 B PT
*Eilte 4 F
Eilum 6 J
*Eilvese 5 F
*Eimbeckhausen 6 F PT
*Eime 7 G PT
Eimelrod 9 E PT
Eimen b. Arnsberg 9 C
Eimen i. Braunschweig 7 G
Eimersleben 6 K
*Eimke 4 H
Eimsbüttel 2 G EPT
*Einbeck 7 G EPT
Einen b. Warendorf 7 C
Einen b. Vechta 4 D
*Einum 6 G H
Einwinkel 4 L
*Einzingen 4 G
Eiringhausen 9 C
Eisberg 9 G
Eisbergen 6 E EPT
Eisborn 9 C
Eischott 5 J
Eißendorf 2 G
*Eisten 4 B
Eitershagen 9 G
*Eitze 4 F
*Eitzendorf 4 F PT
*Eitzum b. Hildesheim 7 G
Eitzum b. Schöppenstedt 6 J
*Eixe 6 H
Ekel 8 A
Ekern 3 C
Eklack 1 F
Elben 9 F
Elbenau 7 L
Elbergen b. Cloppenbg. 4 C
*Elbergen b. Lingen 5 B
Elbey 6 L
*Elbingerode b. Blankenburg 7, 8 J EPT
*Elbingerode P. Herzberg 8 H
Elbrinxen 7 F PT

Eldagsen b. Mind. i. W. 6 G
*Eldagsen b. Springe 6 G EPT
Eldena 3 K EPT
Eldenburg 3 K PT
Eldersloo 4 A
Eldersveld 4 A
*Eldingen 5 H PT
*Elend 8 J PT
Elende 9 J
*Elferdingen 4 G
Elgershausen 9 F PT
Elfer 8 G
Elkeringhausen 9 D
Ellenstedt 4 D
Elleran 1 G
Ellerbrock 4 C
Ellerbusch 6 E
Ellerhop 1 G
Elleringhausen 9 D PT
Ellershausen b. Allendorf 9 G
*Ellershausen b. Göttingen 8 G
Ellersleben 9 K
Ellewick 6, 7 A
*Elliehausen 8 G
*Ellierode 8 G
Ellingerode 9 G
Ellrich 8 J EPT
*Ellringen 3 J
Elm, der, 6 J
*Elm 2 F PT
Elmeloh 3, 4 D E
Elmendorf 3 C
Elmenhorst i. Lauenburg 2 H J
Elmenhorst b. Bargteheide 1 H
Elmenhorst i. Mecklenbg.-Schwerin 1 K
Elmhorst 4 G
*Elmlohe 2 E
Elmshorn 1 G EPT
*Elsdorf 3 F PT
Elsebek 5 K
Elsen 8 E P
Elsfleth 3 D EPT
Elskopp 1 F
Elspe 9 C PT
Elsten 4 C D
*Elstorf 2 G
Elte 6 B
*Eltern 5 B
Eltmannshausen 9 G
Elverdissen 6, 7 D E PT
*Elvershausen 8 H PT
*Elze P. Mellendorf 5 G
*Elze P. Meinersen 5 H
*Elze b. Hildesh. 6 G EPT
*Embsen P. Achim 4 E
*Embsen b. Lünebg. 3 H PT
*Emden, Ostfriesl. 2 B EPT
Emden b. Neuhaldensleb. 6 K
*Emern 4 J
Emersleben 7 K PT
Emkum 7 B
*Emlichheim 5 A PT
*Emmeln 4 B
Emmen 4 A
*Emmendorf 4 H J ET
Emmeringen 7 K
*Emmerke 6 G EPT
Emmerstedt 6 K EPT
*Emmerthal b. Hameln 7 F EPT

*Empede 5 F
Empte 7 B
*Emsbüren 5, 6 B PT
Emsdetten 6 B EPT
Emseloh 8 K
Ems-Jade-Kanal 2 C
Ems-Kanal 3 C D
Emstek 4 D PT
Emtinghausen 4 E PT
*Endeholz 5 H
Endel 4 D
Endorf b. Arnsberg 9 C
Endorf b. Ermsleben 8 K PT
*Engden 5, 6 A B
*Engelbostel 5 G PT
*Engelern 5 C
*Engeln 4 E
*Engelschoff 2 F
*Engensen 5 G
*Engeo 2 F
Enger 6 D PT
*Engerhafe 2 B E
Engern 6 F
*Engter 5, 6 C PT
Enkesen 8 D
Enkhausen b. Arnsberg 9 C
Enkhausen b. Meschede 9 D
Ennest 9 C
Enniger 7 C PT
Ennigerloh 7 C E
Enschede 6 A
Entrup b. Beckum 8 D
Entrup i. Lippe 7 E
Epe i. Westf. 6 A EPT
Epe P. Bramsche 5 C
Eperstedt 9 K
Eppe 9 E PT
Eppendorf i. Westf. 7, 8 L
Eppendorf b. Hamburg 2 G PT
Eppenhusen 2 A
Eppenzolder 6 A
Epschenrode 8 J
*Equord 6 H PT
*Erbsen 8 G
Erder 6 E
*Erichshagen 5 F PT
Erkeln 8 F
Erle 7 A PT
Erlinghausen 9 E
Erm 4 A
Ermke 4 C
Ermschwerd 9 G
Ermsleben 8 K EPT
Ershausen 9 H PT
Erwitte 8 D EPT
Erxleben b. Neuhaldensleben 6 K EPT
Erxleben b. Osterburg 4 L
Esbeck a. Elm 6 J K PT
*Esbeck P. Elze 7 G
Esborn 9 C
*Esche 5 A
Escheberg 9 F
Escher Berg, der, 8 F
*Eschebrügge 5 A
Escheburg 2 H PT
*Eschede 4, 5 H EPT
Eschenrode 6 K
Eschershausen i. Braunschweig 7 G PT
*Eschershausen P. Uslar 8 G
Eschmarke 6 A
Eschwege 9 H EPT
*Esclum 3 B
*Esens 2 C EPT

Esenshamm 2 D PT
Esingen 2 G
Esking 7 B
Eslohe 9 C D PT
*Espel P. Lengerich 5 B
Espel i. Westfalen 6 C
Espelo 6 A
*Esperde 7 F
*Esperke 5 G
*Espol 8 G
*Essel P. Bremervörde 2 F
*Essel P. Schwarmstedt 5 G
Essen, Oldenburg, 4, 5 C EPT
*Essen b. Osnabrück 6 D PT
*Essenerberg 6 D
*Essenrode 6 J PT
Essentho 8 E
*Essern 5 E PT
*Estebrügge 2 G PT
Estedt 5 K
Ester 7, 8 C
Estern 7 A
*Esterwegen 4 B C
*Estorf P. Oldendorf 2 F
*Estorf b. Nienburg 5 F PT
*Estringen 5 B
*Etelsen 4 F EPT
Etlingen 5, 6 K
Etteln 8 E PT
*Ettenbostel P. Ostenholz 4 G
*Ettenbüttel b. Gifhorn 5 H
Ettgersleben 7 K L
*Etzel 2 C
*Etzenborn 8 H
Etzhorn 3 D EPT
Etzleben 9 K
Eutzen 5 J
*Evendorf 3 H
Evenhausen 7 E
*Evensen 7 G H
Everingen 6 K
*Everinghausen 3 F
*Everloh 6 G
*Everode 7 G PT
Eversberg 9 D EPT
Eversdorf 4 K
*Eversen b. Rotenburg 4 F PT
*Eversen P. Sülze 4 G H
Evers-Moor 2 B
*Everstorf 8 G
Everswinkel 7 C PT
Evessen 6 J
*Evinghausen 6 C D
Evingsen 9 C PT
Ewer-Sand 1 D
*Ewige Moor 2 B
Exlo 4 A
Exten 6 F PT
Exter 6 E PT
Externsteine 7 E PT
*Eydelstedt 5 D
*Eyendorf 3 H
*Eystrup 4 F EPT

Fabbenstadt 6 D E
*Fahrendorf P. Bremervörde 2 F
Fahrendorf b. Salzwedel 4 J
*Fahrenhorst P. Syke 4 E
Falkenberg 4 L
*Falken-Berg, der, 4 G
Falkenhagen i. Lippe 7 F

Falkenhagen b. Pritzwalk 3 M EPT
*Fallersleben 5, 6 J EPT
*Fallingbostel 4 G EPT
Fang 5, 6 D C
*Farge 3 D EPT
Farmbeck 7 E EPT
Farmsen 2 H
Farmsum 3 A
Farsleben 6 L
*Farven 2 F
Faulungen 9 H
Fedderwarden 2 C PT
*Feggendorf 6 F
Felchta 9 H
Feld 6, 7 B
*Feldbergen 6 H
*Felde P. Aurich-Oldendorf 3 C
*Felde b. Syke 4 E PT
Feldengel 9 K
Feldhausen 8 A EPT
Feldrom 7 E
Felgeleben 7 L
Felsberg 9 F PT
*Felsen P. Herzlake 5 B C
Ferchels 5 M
Ferchland 5 M PT
Fermersleben 6 L PT
Ferna 8 H EPT
*Fesenfeld P. Syke 4 E
*Fickmühlen 2 E
Fiener Bruch, das, 6 M
Fienerode 6 M
*Fiestel b. Osnabrück 6 D
*Filsum 3 C E
*Findorf 3 E
Finkenberg, der, 9 G
*Finkenwerder 2 G
*Finna 3 E
Finsterwold 3 A
*Fintel 3 G PT
*Firrel, Col., 3 C
*Fischbeck P. Neugrab. 2 G
Fischbeck b. Magdeburg 5 M PT
Fischbeck a. d. Weser 6 F EPT
Fischelhörne 2 C
*Fischendorf 4 G
*Fischerhude 3 E PT
Fitzen 2 J
Fladderlohausen 5 C D
Flaesheim 8 B
Flamschen 7 A
Flaschheim 9 J
Flechtdorf 9 E PT
Flechtingen 6 K EPT
Flechtorf 6 J PT
*Flechum 5 B
*Fleestedt 2 G H
*Flegessen 6 F
Fleringen 5, 6 A
*Flettmar 5 H
Fliemstorf 1 K
Flierich 8 C
*Fließau 3, 4 J
Flintrup 7 C
*Flögeln 2 E
*Flögelner See 2 E
Flötz 7 M
Föhrden Barl 1 G
*Föhrste 7 G
Fölsen 8 E F
Förde 9 C
Förderstedt 7 L
*Förlingen 5 D
*Förste 8 H PT
Forsthövel 7 C
*Frackel 4 B
*Frankenbostel 3 F
*Frankenfeld 4 F
Frankenhausen 9 K EPT
*Frankenmoor 2 F
Frankershausen 9 G PT
*Franzenburg 1 E
Franzhagen 2 J
Franzosensand 1 E
Frauenmark 2 L
Freckenhorst 7 C PT
Fredeburg 9 D EPT
*Fredelsloh 8 G PT
Fredesdorf 1 H
Frehne 3 M PT
*Freiburg 1 F PT
Freienbessingen 9 J
Freienhagen 9 E F PT
Freienohl 9 D EPT
Freiske 8 C
*Freißenbüttel 3 E
*Frelsdorf 2 E
*Frenke 7 F
*Frensdorf 5 A
*Frensdorferhaar 5 A
*Frenswegen 5 A
Frenz 7 L M
*Freren 5 B EPT
*Freschluneberg 2 E
*Fresenburg 4 B
*Frestorf 5 E
Fretter 9 C PT
*Freudenberg 4 E
Freyenstein 3 M PT
Frieda 9 H PT
*Friedeburg 2 C PT
Friederikensiel 1, 2 C
Friedewalde 6 E PT
*Friedland a. d. Leine 9 G EPT
Friedrich Franz-Kanal 2 L
Friedrichsaue 7 K L
Friedrichsbrünn 8 K
Friedrichsdorf b. Ruppin 4 M P
*Friedrichsdorf b. Bremervörde 2 E
Friedrichsdorf i. Westfal. 7 D PT
Friedrichsgabe 1 G
Friedrichshagen 1 K
Friedrichskoog 1 E EPT
Friedrichsmoor 2 L PT
Friedrichsruh 2 H EPT
Friedrichstadt (Magdeburg) 6 L EPT
Friedrichthal 7 J
Frielick 8 C
*Frielingen b. Neustadt a. R. 5 F G PT
*Frielingen b. Soltau 4 G
Frielinghausen 9 D
Friesdorf 8 K
Friesoythe 4 C PT
Frille 6 E
Fritzlar 9 F EPT
Frölich 8 C
Frömern 8 C
Fröndenberg 8 C EPT
Frönsberg 9 C
Fröse 7 K
Frohndorf 9 K
Frohnhausen 8 F
Frohse 7 L PT
Fromhausen 7 E
Fromstedt 9 K
Frotheim 6 E PT
Füchteln 8 B
Füchtorf 7 C PT
Fülme 6 E
Fümmelse 6 H J E
Fürstenau i. Westf. 7 F PT
*Fürstenau b. Osnabrück 5 C EPT
Fürstenberg a. W. b. Holzminden 8 F EPT
Fürstenberg i. Waldeck 9 E
Fürstenberg i. Westfalen 8 E PT
Fürstenhagen b. Kassel 9 G EPT
*Fürstenhagen b. Uslar 8 G
Fuhlen 6 F PT
*Fuhrberg 5 G
Fulde 4 F G
*Fulkum 2 B

Gaarz 3, K PT
Gadebusch 1, 2 K EPT
*Gadenstedt 6 H PT
Gadersleben 7 K
*Gadesbünden 5 F
Gägelow b. Wismar 1 K
Gägelow b. Sternbg. 2 L
Gagel 4 L
Gahlen 8 A PT
Gallin b. Plau 2 M EPT
Gallin b. Boizenburg 2 J
Gammelin 2 K
Gammelke 6 A
*Gamsen 5 J
Ganderkesee 4 D EPT
Gandersheim 7 H EPT
*Gandersum 3 B
*Gandesbergen 4 F
Gandow 3 L
Gangloffsömmern 9 K EPT
Gantikow 4 M PT
Gantweg 7 B
Ganzlin 2 M EPT
Garbeck 9 C
Garbek 1 H
*Garbsen 5, 6 G
Gardelegen 5 K EPT
Garen 4 C
Garitz 7 M
Garlin 3 L
Garlipp 5 L
*Garlstedt 3 E
*Garlstorf 3 J PT
*Garmsen 6 H
Garnholt 3 C
Garrel 4 C
Garrelweer 3 A
Garsedow 4 L PT
*Garssen 5 H
*Garstedt 3 H
Garstedt 2 G PT
Garsthuizen 2 A
Garthe 4 D
*Gartow 4 K L PT
Garwitz 2 L
Garz 3, 4 M EPT
Garz 4 M
*Garze 3 J
Gasselte 4 A
Gasselter Nijeveen 4 A
Gauvel 7 A
Gaxel 7 A
Gebhardshagen 6 H PT
*Gedelitz 4 K
Gees 4 A
Geeschendorf 1 H
*Geestdorf 2 E
*Geeste 5 B
*Geestemünde 2 E EPT
*Geestenseth 2 E
Geesthacht 2 H PT
Gehlenbeck 6 D E PT
Gehofen 9 K EPT
*Gehrde 5 C PT
*Gehrden b. Hann. 6 G PT
Gehrden 7 M
Gehrden b. Warburg 8 E F PT
Gehrendorf 6 K
Gehrenrode 7 G
Gehrum 2 J
Geismar a. Eichsfeld 9 H EPT
Geismar b. Fritzlar 9 F
Geist b. Münster 7 B
Geist b. Beckum 7 C
Geistleben 9 H
Gellen 3 D
Gellendorf 6 B
*Gellersen 7 F
Gellershausen 9 E PT
*Gelliehausen 8 H
Gellingen 9 K
Gellinghausen 9 D
Gelmer 7 B
Gembeck 9 E
Gemen b. Borken 7 A PT
Gemen b. Ahaus 6 A
Gemmerich 8 C
Genin 1 J
Gensungen 9 F EPT
Genthin 5, 6 M EPT
Gentzien 4 L
*Georgsdorf 5 A
Gerbitz 7 L PT
*Gerblingerode 8 H PT
*Gerdau 4 H PT
*Gerden 6 D
Gerdshagen b. Güstrow 1 M
Gerdshagen b. Wismar 1 L PT
Germenau 5 K
Germerode 9 G PT
Germete 8 F
Gernrode a. Harz 8 K EPT
Gernrode a. Eichsfeld 9 H PT
*Gersten 5 B
*Gerstenbüttel 5 H
Gertenbach 9 G EPT
Gerwisch 6 L EPT
Gescher 7 A PT
Gescher Estern 7 A
Geseke 8 D EPT
*Gesmold 6 D PT
*Gestorf 6 G PT
*Getelo 5 A
Getmold 6 D
Geutz 7 M
Gevensleben 6, 7 J PT
*Geversdorf 1 F PT
Gieboinghausen 9 E
*Gieboldehausen 8 H EPT
*Giehle 3 E
*Gielde 7 J EPT
Giershagen 9 E PT
Giersleben 7 L EPT
Gieselwerder 8 F PT
Giesensdorf 3 M
Giesenslage 4 L M EPT

Gieseritz 4 K
Gieten 4 A
Gieterveen 3, 4 A
*Gifhorn 5 J EPT
Giftitz 9 F PT
*Giften 6 G
*Gildehaus 6 A EPT
*Gillersheim 8 H
*Gilten 5 F G PT
Gimpte 7 B C PT
*Gimte 9 G PT
Gischow 2 M
Gitteldе 7 H EPT
*Gitter 7 H
Gladau 6 M PT
Gladbeck 7 B EPT
Glade 1 H
Gladigau 4 L
Glaisin 3 K
*Glandorf 6 C PT
*Glane b. Osnabrück 6 C
Glashausen 9 H
*Glashof 5 F
Glasin 1 L P
*Gleichen, die 8 G H
Gleid 9 D
*Gleidingen 6 G PT
Glentorf 6 J PT
Gleschendorf 1 J EPT
*Glesen 5 B
Glienicke 3 M PT
*Glinde b. Bremervörde 2 H PT
Glinde b. Calbe 7 L M
Glindenberg 6 L PT
Glindfeld 9 E
*Glinstedt 3 F PT
*Glissen P. Uchte 5 E F
Gloine 6 M
Glöthe 7 L PT
Glötzin 3 L
Glöwen 4 M EPT
Glückstadt 1 F EPT
Gnadau 7 L EPT
*Gnarrenburg 2, 3 E PT
Gnevsdorf b. Plan 2 M
Gnewsdorf b. Wittenbge. 4 L
Gnissau 1 H PT
Goddelsheim 9 E PT
Godelheim 8 F EPT
Godensholt 3 C
Godensholter Torf 3 C
*Godenstedt 3 F
Godlinze 2 A
Göbel 6, 7 M
*Göddenstedt 4 J
*Gödens, Schloß, 2 C
*Gödenstorf 3 H
*Gödestorf 4 E
*Gödringen 6 G
Göhlen 3 K
*Göhrde 3 J EPT
Göhren 3 K
*Gölenkamp 5 A
Göls 1 H
Görike 4 M
Görmar 9 H J
Görmitz 3 K
Görsbach 8 J K PT
Görslow 2 L
Görzke 6 M PT
Gößlow 3 K
Göttendorf 7 C
*Göttien 4 K
Göttin 2 J
*Göttingen 8 G H EPT
Göttingen b. Lippstadt 8 D
Göttlin 5 M
Götzberg 1 H
*Götzdorf 2 F
Gohre 5 L
Goldbeck b. Magdeburg 4, 5 L EPT
Goldbeck b. Rinteln 6 F
Goldberg 2 M EPT
Goldebee 1 L
Goldenitz 1 M
Goldenstädt 2 K
Goldenstedt 4 D PT
Gollensdorf 4 L
Golwitz 6 M PT
Golmbach 7 F G P
Golwitz 1 K
Golzwarden 3 D EPT
Gommern 6, 7 L EPT
Gonna 8 K
*Gorleben 4 K PT
Gorlosen 3 K L
Gorsleben 9 K PT
*Goslar 7 H EPT
Gottesgabe 2 K
Gottsbüren 8 F G PT
Gottstreu 8 F G
Grabau 1 H
Grabenstedt 4 J
Grabow b. Magdeburg 6 M PT
Grabow b. Lüchow 4 K PT
Grabow in Mecklenburg 3 L EPT
Grabow b. Meyenbg. 3 M
Grabow b. Pritzwalk 3 M
Grabstede 3 C
*Gräpel 2 F
Graes 6 A
*Grafel 2 F
*Grafeld 5 B C
Grafenfeld 3 C
Grafhorst 5 J
*Graftlage 5 D
Grambek 2 J
Gramberg 3 D
Grambke 3 E
Grambow 1 K
Gramnitz 2 K
Gramsdorf 7 L
Grande 2 H PT
Grandorf 5 C
*Granstedt 3 F
Granzin b. Lübz 2 L
Granzin b. Boizenburg 2 J
*Grasberg 3 E PT
*Grasdorf 4 F
*Grasdorf 6 G
*Grasdorf 6 H P
*Grashorn'sche Kirche 8 G
Grasleben 6 J K
*Grassel 6 J
*Graste 7 G
Gratzungen 8 J
*Graue 4, 5 E PT
*Grauen 3 G
*Grauhof 7 H ET
Grauingen 6 K
Gravenhorst 6 B C
Grebbin 2 L
Grebenstein 8, 9 F EPT
Greene 7 G PT
*Greetsiel 2 A B PT
Greffen 7 D PT
Grelswarden 2 D
Gremsheim 7 G H
Gresse 2 J PT
Gressow 1 K
Greste 7 E
*Grethem 5 F G
Greußen 9 J K EPT
Greven i. Westf. 6 B C EPT
Greven b. Lübz 2 L M
Greven bei Boizenburg 2 J PT
Grevenhagen 7 E
Grevenkopp 1 G PT
Grevenstein 9 C D
Grevesmühlen 1 K EPT
Grieben 5 M PT
Griebnitz 1 M
Griefstedt 9 K EPT
Griesberg 7 G
Griste 9 F EPT
Grillenberg 8 K
*Grimersum 2 B
Grimme 7 M
*Grinden 4 F
*Grippel 3 K
Gristede 3 C
Grizehne 7 L ET
Groden 1 E
Gröna 7 L P
Grönebach 9 D
Grönheim 4 C
Gröningen b. Magdeburg 7 K EPT
Gröningen, Kloster, 7 K
*Grönloh 5 C
Grönwohld 2 H
Gröpelingen 3 E PT
*Grohnde 7 F PT
*Gronau b. Elze 6, 7 G PT
Gronau i. Westf. 6 A EPT
Grone 8 G EPT
Groppendorf 6 K
*Groß-Algermissen 6 G
Groß-Almerode 9 G EPT
Groß-Alsleben 7 K PT
Groß-Ammensleben 6 L EPT
Groß-Apenburg 5 K PT
*Groß-Aschen 6 D
*Groß-Aspe 2 F
Groß-Aulosen 4 L
Groß-Ballerstedt 4 L
Groß-Ballhausen 9 J PT
Groß-Barnitz 1 H
Groß-Bartensleben 6 K
Groß-Bartloff 9 H EPT
Groß-Bengerstorf 2 J
Groß-Berge 3 L PT
*Groß-Berkel 7 F EPT
Groß-Berkenthin 1 J PT
Groß-Berndten 9 J PT
*Groß-Berßen 4 B
Groß-Beuster 4 L PT
Groß-Bierstedt 5 K
Groß-Bodungen 8 H PT
Groß-Bollenhagen 3 D
Groß-Borstel 2 G PT
*Groß-Borßum 3 B
*Groß-Bramstedt 4 E
Groß-Breese b. Wittenberge 4 L
*Groß-Breese b. Lüchow 4 K
Groß-Brüchter 9 J PT
Groß-Brunsrode 6 J
Groß-Brütz 2 K E
Groß-Buchholz b. Perleberg 3 L
*Groß-Buchholz b. Hannover 6 G
*Groß-Bülten 6 H
*Groß-Burgwedel 5 G
Groß-Burlo 7 A
Groß-Burschla 9 H PT
Groß-Chüden 4 K
Groß-Dahlum 6 J PT
Groß-Drebleben 7 J
Groß-Denkte 6 J PT
*Groß-Döhren 7 H
*Groß-Dörgen 5 B
*Groß-Dohren 5 B
*Groß-Dratum 6 D
*Groß-Drehle 5 C
Groß-Driene 6 A
*Groß-Eddesse 5, 6 H
Groß-Egge 7 E
Groß-Ehrich 9 J
Groß-Eichsen 1 K
*Groß-Eicklingen 5 H
*Groß-Eilstorf 4 F
*Groß-Elbe 6, 7 H
*Groß-Ellenberg 4 J
*Große Moor, das, 3, 4 B
*Große Moor, das, 5 D
Großenaspe 1 G PT
Großenberg 7 F
Großeneder 8 F PT
Groß-Engersen 5 K E
Großenging 4 C
*Großenhain 2 E
Großenkneten 4 D EPT
Großenmarpe 7 E PT
Großenmeer 3 D EPT
*Großenrode 8 G
*Großenwede 3 G
Großenwieden 6 F
*Großenwörden 2 F P
Großer Scheepvaard-Kanal 3 A
Großewick 6 A
Groß-Fallstein 7 J
*Groß-Flöthe 6, 7 H J PT
Groß-Flottbeck 2 G PT
*Groß-Förste 6 G
*Groß-Freden 7 G
*Groß-Fredenbeck 2 F
*Groß-Fullen 5 B PT
Groß-Furra 9 J EPT
*Groß-Gaddau 4 J K
Groß-Gartz 4 L
Groß-Germersleben 7 K L PT
Groß-Gerstedt 4 K
*Groß-Giesen 6 G
Groß-Gischau 4 K
Groß-Gnemern 1 L
Groß-Godems 3 L PT
*Groß-Goltern 6 F
Groß-Gotschow 3 M
Groß-Gottern 9 J
Groß-Grabe 9 J
Groß-Grenz 1 M
*Groß-Grindau 5 G
Groß-Grönau 1 J PT
*Groß-Gusborn 3 K
*Groß-Häuslingen 4 F
*Groß-Haltern 6 D
Groß-Hansdorf 2 H
*Groß-Hehlen 5 H
*Großheide i. Ostfriesland 2 B
*Groß-Heide b. Dannenberg 4 K PT
*Groß-Heins 4 F
*Groß-Henstedt 4 E
*Groß-Hesepe 5 B PT
Groß-Heydorf 5 F

*Groß-Hilligsfeld 6 F
*Groß-Hollwedel 4 E
*Groß-Holum 2 G
*Groß-Ilsede 6 H EPT
*Groß-Ippener 4 E
*Groß-Ippensen 3 F
Groß-Kampen 1 F
Groß-Keula 9 J
*Groß-Klecken 3 G
Groß-Klinkrade 1 J
Groß-Klütz Höved 1 K
*Groß-Köhren 4 D E
Groß-Krams 3 K
Groß-Kühnau 7 M P
Groß-Laasch 3 L EPT
*Groß-Lafferde 6 H E
Groß-Lantow 1 M
Groß-Leinungen 8 K PT
*Groß-Lengden 8 G H
Groß-Leppin 4 M
*Groß-Lessen 5 E
*Groß-Liedern 4 J
Groß-Linde 3 L
Groß-Lockstedt 6 K
*Groß-Lopke 6 G H
Groß-Lübars 6 M PT
Groß-Lüben 4 L
Groß-Lübs 7 M
*Groß-Mackenstedt 4 E
*Groß-Mahner 7 H
*Groß-Malchau 3, 4 J
Groß-Mangelsdorf 5 M
*Groß-Meckelsen 3 F
Groß-Mehlra 9 J P
*Groß-Midlum 2 B PT
*Groß-Mimmelage 5 C
Groß-Mist 1 J
Groß-Möhringen 5 L EPT
Groß-Monra 9 K PT
Groß-Mühlingen 7 L PT
*Groß-Munzel 6 F PT
Groß-Nenndorf 6 F EPT
Groß-Niendorf 2 L
Groß-Nordende 2 G
Groß-Nuttel 4 D
*Groß-Ösingen 5 H J PT
Groß-Offenseth 1 G
*Groß-Oldendorf, Ostfriesland 3 C
Groß-Ostiem 2 C
Groß-Ottersleben 6 L PT
Groß-Pankow b. Pritzwalk 3 M EPT
Groß-Pankow b. Parchim 2 M
Groß-Parin 1 J
Groß-Paschleben 7 M P
Groß-Poserin 2 M
Groß-Poßfeld 1 F
Groß-Potrems 1 M
Groß-Quenstedt 7 K EPT
Groß-Rade 1 F
Groß-Raden 1 L
Groß-Reken 7 A PT
Groß-Renzow 2 K
*Groß-Rhüden 7 H EPT
Groß-Ridsenow 1 M
*Groß-Ringe 5 A
Groß-Rodensleben 6 K PT
Groß-Rogahn 2 K
Groß-Ronnau 1 H
Groß-Roscharden 4 C
Groß-Rosenburg 7 L M PT
Groß-Rossau 4 L
Groß-Rottmersleben 6 K
Groß-Salitz 2 K
*Groß-Sander 3 C
Groß-Santersleben 6 L
Groß-Sarau 1 J
Groß-Schlingen 4 F
Groß-Schmölen 3 K
Groß-Schneen 9 G P
Groß-Schönberg 2 H
Groß-Schwarzlosen 5 L
Groß-Schwechten 5 L
*Groß-Schwülper 6 H PT
Groß-Siemz 1 J
*Groß-Sittensen 3 F
*Groß-Solschen 6 H
*Groß-Stavern 4 B
*Groß-Steinwedel 5, 6 G H
Groß-Stieten 1 K
*Groß-Süstedt 4 H
Groß-Tessin 1 L
Groß-Thurow 2 J
*Groß-Thondorf 3 J
Groß-Timmendorf 1 J
*Groß-Totshorn 3 G
Groß-Trebbow 1 K
Groß-Twülpstedt 6 J K PT
Groß-Upahl 1 M
Groß-Urleben 9 J
Groß-Veltheim 6 J
Groß-Vogelsand 1 D
Groß-Walmstorf 1 K
Groß-Wardow 1 M
Groß-Wechsungen 8 J
Groß-Welle 4 M PT
Groß-Welsbach 9 J
Groß-Welzin 2 K
Groß-Werther 8 J EPT
Groß-Werzin 4 L M
*Groß-Wiesedemeer 2 C
Groß-Winnigstedt 7 J PT
*Groß-Witfeitzen 4 J PT
*Groß-Wohnste 3 F
*Groß-Wolde 3 B
Groß-Wudicke 5 M EPT
Groß-Wulkow 5 M
Groß-Wusterwitz 6 M EPT
Groß-Zecher 2 J
Groß-Zorge 8 J
*Grotegaste 3 B
Grotenburg 7 E PT
*Grothe 5 C
Grothusen 2 A
Grove 2 H
Grube 4 M
*Grünendeich 2 G
Grünenplan 7 G PT
Grünenwulsch 5 L
Grüningen 9 K
Grüssow 2 M
Grütz 5 M
*Grund 7 H EPT
Grundsteinheim 8 E
*Grupenhagen 7 F PT
*Grußendorf 5 J
Gudendorf 1 E
Gudensberg 9 F PT
Gudow 2 J PT
Gübs 6 L
Gühlitz 3 L
*Gülden 4 J
Gülpe 4, 5 M
Gülper See 4 M
Gülzow 2 H
*Gümmer 5, 6 F
Günne 8 C
Günstedt 9 K PT
Güntersberge 8 J K EPT
Günzerode, Schwarzburg-Rudolstadt 9 K
Günzerode b. Nordhausen 8 J
Güsen 6 M EPT
Güssefeld 5 K
Güsten 7 L EPT
Güstrow 1 M EPT
Gütersloh 7 D EPT
Gütter 6 M
Guhlow 3 L
Gumtow 4 M PT
Gundersleben 9 J E
Gunsleben 7 J K EPT
Guntershausen 9 F EPT
Gussow 5 M
*Gustedt 6, 7 H
Gutenswegen 6 L PT
Gurhagen 9 F EPT
*Gyhum 3 F

Haaksbergen 6 A
*Haar b. Neuhaus an d. Elbe 3 J
Haar, Holland 4 A
Haar, Holland 4, 5 A
*Haar b. Bentheim 5 A
Haarbrück 8 F
Haard 8 B
Haaren 8 E PT
Haartrang 8 E D
*Haassel 3 J
Haast 4 D
Habbrugge 3, 4 D
Habenhausen 3, 4 E
*Haberloh 4 F
*Habighorst 5 H
Hachebich 9 K
Hachen 9 C PT
*Hachmühlen 6 F
Hackendorf 2 J
*Hackenstedt 7 H
Hackpfüffel 9 K
Haddorf 6 B
*Hadeln, Land 1, 2 E
*Hademstorf 5 G
Hadmersleben 7 K EPT
Häger 7 B
*Hämelschenburg 7 F
Hämerten 5 M EPT
*Hänigsen 5 H PT
*Hävern 5 E
*Haftenkamp 5 A
*Hage 2 B EPT
Hagel 4 D
*Hagelshoek 6 A
*Hagen b. Osnabrück 6 C EPT
*Hagen b. Neustadt a. R. 5 F EPT
*Hagen b. Bergen 4 G
*Hagen b. Bremen 3 E PT
*Hagen b. Stade 2 F
Hagen b. Kellinghausen 1 G
Hagen b. Pyrmont 7 F
Hagen in Oldenburg 5 D E
*Hagen b. Sprakensehl 4 H
Hagen b. Lage 7 E
Hagen b. Arnsberg 9 C
*Hagenah 2 F
Hagenburg 5 F EPT
Hagendorf 6, 7 M
Hagenow 2 K EPT
Hagenscheid 9 C
Hager 6 D
Hagewede 5 D
Hagstedt 4 D
Hahausen 7 H PT
*Hahlen b. Osnabrück 5 C
Hahlen b. Minden 6 E PT
*Hahndorf 7 H PT
*Hahnenberg P. Leese an der Weser 5 F
*Hahnenberg P. Fürstenau 5 B C
Hahnenberg i. Mecklenburg 1 K
Hahnenkamp b. Diepenau 5 E
Hahnenkamp i. Schleswig 1 G
*Hahnenklee 7 H PT
*Hajen 7 F
*Haimar 6 H
Hain 9 H
*Hainholz 5, 6 G PT
Hainleite 9 J K
Hainrode 9 J
Hakeborn 7 K PT
Hakenstedt 6 K EPT
*Halbemond 2 B
Halberstadt 7 K EPT
Halchter 6 J
Haldem 5 D
Halen i. Westfalen 6 C EPT
Halen i. Oldenburg 4 D
Halenbeck 3 M
Halfstede 3 C
Halingen 8 B C
*Halle, Grafschaft Bentheim 5 A
Halle b. Bodenwerder 7 G PT
Halle i. Westf. 7 D EPT
Hallene 7 C
*Hallstedt 4 E
Halsbek 3 C
Halstenbek 2 G EPT
Halstern 6 E
Halter 4 D
Haltern i. Westf. 7 A EPT
Halverde 5 B C PT
*Halvesbostel 3 G
Ham 2 H
*Ham-Berg 7 H
*Hambergen 3 E PT
*Hambühren b. Celle 5 G
Hambüren 6 C
Hamburg 2 G H EPT
*Hameln 6, 7 F EPT
*Hamelspringe 6 F
*Hamelwörden 1 F PT
*Hamersen 3 F
Hamersleben 7 K PT
*Hamerstorf 4 H
Hamfelde 2 H
Hamm i. Westf. 8 C EPT
Hamm b. Dorsten 8 A
Hamma 9 J
*Hammah 2 F
Hammel 4 C
Hammelwarden 3 D EPT
*Hammenstedt 8 H
Hamwarde 2 H
*Hamwiede 4 F
Handisburg 6 K L
Handorf i. Oldenburg 5 D

*Handorf b. Winsen 3 H PT
*Handorf b. Welle 3 G
Handorf i. Westf. 7 B EPT
*Handrup 5 B
Hangenau 7 B
*Hankenberg 6 D
*Hankensbüttel 4, 5 J PT
*Hannover 6 G EPT
*Hansahlen 3 G
*Hanschhorst 3 F
*Hanstedt P. Rätzlingen 4 J
*Hanstedt P. Ebstorf 4 H
*Hanstedt b. Winsen a. L. 3 G H PT
*Hanstedt b. Bremervörde 3 F
Hanstein 9 G
Hanum 5 J
*Harber P. Hohenhameln 6 H
*Harber P. Soltau 4 G
Harbke 6 K PT
*Harburg a. d. E. 2 G EPT
*Hardegsen 8 G EPT
Hardehausen 8 E PT
*Hardenberg P. Nörten 8 G H
*Harderberg 6 C
Harderode 7 F G
Hardinghausen 8 A
Hardissen 7 E
*Haren 4 B PT
Harkebrügge 3 C
Harkemissen 6 E
Harkensee 1 J
Harkotten 7 C
Harkstede 3 A
Harleshausen 9 F
*Harlinger Land 2 B C
Harlingerode 7 H J PT
Harme 4, 5 D
Harmsdorf 2 J PT
Harmshagen 1 K
*Harmstorf 3 J
Harmstrup 4 C
Harmuthsachsen 9 G EPT
Harpe 4 L
Harpendorf 5 D
*Harpstedt 4 D E PT
Harras 9 K
*Harrendorf 3 E
*Harrenstätte 4 B C
*Harriehausen 7 H PT
*Harrienstedt 5 E
*Harsefeld 2 F PT
Harsewinkel 7 D PT
Harsleben 7 K PT
*Harsum 6 G EPT
Harte 7 A B
*Hartem 4 G
Hartenholm 1 H
Harth 8 D
Hartum 6 E PT
Harzberg 7 F
Harzburg 7 J EPT
Harzgerode 8 K EPT
*Harzungen 8 J
Hasbergen 3 E
Haselau 2 G
Haseldorf 2 G PT
*Haselhorn 6 E
*Haselünne 5 B EPT
Hasenbühren 3 E PT
Hasenmeer 1 G
Hasloh 2 G E
*Hasperde 6 F EPT
*Haßbergen b. Osnabrück 6 C EPT
*Haßbergen P. Rohrsen 5 F
*Hassel b. Hoya 4 F EPT
Hassel b. Stendal 5 L M
*Hassel b. Winsen a. d. Aller 4, 5 G
*Hassel b. Rotenburg 4 F
*Hassel b. Bassum 4 E
Hassel i. Westf. 8 B
Hasselbach 9 G ET
Hasselburg 6 K
Hasselfeld 8 J
Hasselo 6 A
*Hassendorf 3 F
Hasserode 7 J PT
Haßlingen 5 D E
Haste b. Nenndorf 6 F EPT
*Haste b. Osnabrück 6 C
*Hastedt b. Rotenburg 3 F
Hastedt b. Bremen 3 E PT
Hastehausen 7 B
*Hastenbeck 6, 7 F
*Haster-Berg, der, 6 C
*Hatshausen 3 B
Hattendorf 6 F
*Hattorf b. Fallersleben 6 J PT
*Hattorf a. Harz 8 H EPT
*Hatzte 3 F
*Hatzum 3 B PT
Haueda 8 F
Haus Beck 8 A
Hausberge 6 E PT
*Hauschel-Berg, der, 4 H
Haus Dülmen 7 A
Hausen b. Lichtenau 9 G
Hausen b. Gernrode 9 H
Hausheide 8 E
Hauskämpen 5 E
Haus Laer 9 C D
Haus Mahlenberg 8 B
Hausneindorf 7 K PT
Haus Rockel 6, 7 B
Haussömmern 9 J
Hausstedt 4, 5 C D
Haustenbeck 7 E PT
Hauteroda 9 K
Hauwiek 3 C
Havekost 4 D
Havelberg 4 M EPT
Havendorf 2 D
Haverbeck i. Oldenbg. 5 D
*Haverbeck b. Meppen 5 B
Haverbeck i. Westf. 6 B
Havighorst 1 H
Havixbeck 7 B PT
Hayn 8 K PT
Haynrode a. Eichsfeld 8, 9 H J PT
Haynrode b. Sangerhausen 8 K
*Hebelermeer b. Meppen 4 A
*Heber 3 G PT
Heber-Berg 7 H
*Hechthausen 2 F PT
Heckenbeck 7 G H
Hecklingen 7 L EPT
Heddinghausen 9 E
*Hedemünden 9 G EPT
Hedersleben 7 K EPT
*Heede P. Diepholz 5 D
*Heede b. Meppen 4 B PT
Heek 6 A PT
*Hecke 5 C
*Heemsen 5 F
Heepen 7 D E PT
Heeren 8 C PT
*Heerstedt 2 E
*Heersum 6 H
Heerte 6 H E
*Heeslingen 3 F PT
*Heeßel P. Basbeck 2 F
*Heeßel P. Burgdorf 5 G
Heessen 8 C EPT
Hegensdorf 8 E
Heggen 9 C EPT
Hehlen 7 F PT
Hehlingen 6 J
Heide i. Oldenburg 3 E
Heidebleck 6 E
Heidekamp 1 H
Heiden i. Westf. 7 A PT
Heidenoldendorf 7 E PT
Heidhof 3 K
Heidkamp i. Oldenbg. 3 D
Heil 8 B
*Heiligendorf 6 J PT
Heiligenfelde b. Arendsee 4 L
*Heiligenfelde b. Syke 4 E PT
Heiligengrabe, Stift, 3 M E
Heiligenhagen 1 L
Heiligenkirchen 7 E PT
*Heiligenloh 4 D PT
*Heiligenrode b. Bremen 4 E PT
Heiligenstadt 9 H EPT
Heiligenstedten 1 F PT
Heiligerle 3 A
Heilige Stuhl 9 C
*Heiligenthal b. Lüneburg 3 H
*Heilshorn 3 E
Heimarshausen 9 F
Heimburg 7 J PT
Heimsen 5 E F PT
Heinade 7 G
*Hein-Berg, der, 7 H
*Heinbockel 2 F
*Heinde 6 G H
*Heiningen 7 J PT
Heinrichenburg 8 B
Heinrichsberg 6 L PT
*Heinsen 7 F
Heintrop 8 C
*Heise 2 G
*Heisede 6 G
Heisenbeck 8 G
*Heisfelde 3 B
Heist 2 G PT
*Heister-Berge, die, 5 E
Heisterende 1 G
*Heitel 5, 6 B
*Heithöfen 6 D
*Heithusen 4 E
*Heitlingen 5 G
Hekeln 3 D
*Hekese 5 C
Helbe 9 K
Helbusch 4 D
Heldrungen 9 K EPT
Hell-Berg, der, 2 K
Hell-Berge 5 K
*Helle b. Osnabrück 5 C
Helle b. Pritzwalk 3 M
Helleberg, der, 7 G
Hellefeld 9 C PT
Hellefelder Mark 9 C
*Hellingst 2, 3 E
*Hellern 6 C
*Hellwege 3 F
Helm 2 K
Helmarshausen 8 F EPT
Helmern 8 E
Helmighausen i. Oldenbg. 4, 5 E
Helmighausen i. Waldeck 8 E
Helminghausen 9 E
*Helmste 2 F
Helmstedt 6 J K EPT
*Helmstorf 3 G
Helpsen 6 F
Helsa 9 G EPT
*Helschen 5 B
Helse 1 E
Helsen 9 E
*Helstorf 5 G
*Helte 5 B
*Helvesiek 3 F PT
Hemberge 1 J
Hembergen 6 B
Hembsen 8 F EPT
Hemdingen 1 G
*Hemelingen 3, 4 E EPT
*Hemeln 8 G P
*Hemeringen 6 F PT
Hemfeld 7 C D
Hemfurth 9 E
*Hemke 5, 6 C
Hemmelsdorf 1 J
Hemmeite 4 C E
*Hemmendorf 6, 7 G PT
Hemmerde 8 C EPT
Hemmern 8 D
*Hemsbünde 3 F
*Hemsen P. Meppen 4 B
*Hemsen b. Soltau 3 G
*Hemslingen 3 G
*Hemsloh 5 D
Hemstedt 5 K L
*Hemtewede 5 D
Hengeler 7 A
Hengelo 6 A EP
Henglarn 8 E
Hengsterholz 4 D
Hengstlage 4 D
Hennen 8 B C PT
Henningen 4 J
Hennstedt in Schleswig 1 G PT
*Henstedt b. Syke 4 E
Hentrup 8 D
Heppen 8 C D
Heppens 2 D
*Hepstedt 3 F PT
Herbern bei Münster in Westfalen 6 B PT
Herbern b. Lüdinghausen 8 B C
Herbram 8 E
*Herbrum 4 B
Herbsen 9 E
Herdringen 9 C
Herford 6 E EPT
Herhagen 9 D
Heringen 8, 9 J EPT
Heringhausen b. Lippstadt 8 D
Heringhausen b. Meschede 9 D PT
Heringhausen i. Waldeck 9 E
Herlinghausen 8 F

Hermannsberg 7 F
*Hermannsburg 4 H PT
Hermannsdenkmal 7 E
Hermerode 8 K
Herne 8 A EPT
Hernsen 7 G
*Herrenhausen 5, 6 G EPT
Herrhausen 7 H
Herringen 8 C
Herringhausen 6 D E PT
Herrnburg 1 J
Herscheid 9 C
*Herssum 4 B C
Herste 8 E F EPT
Herstelle 8 F PT
Herten 8 A PT
Hertme 6 A
Hervest 8 A ET
Herzberg i. Mecklenburg 2 L PT
*Herzberg a. Harz 8 H EPT
Herzebrock 7 D EPT
Herzfeld bei Ludwigslust 3 L
Herzfeld i. Westf. 8 C D PT
Herzhausen 9 E
Herzhorn 1 F EPT
*Herzlake 5 B PT
*Hesedorf b. Zeven 3 F
*Hesedorf b. Bremervörde 2 F PT
*Hesel, Ostfriesl. 3 B C PT
*Hesel, Ostfriesl., b. Friedeburg 2 C
*Hesepe P. Bramsche 5 C
*Hesepe, Grafschaft Bentheim 5 A
*Hesepertwist bei Meppen 5 A
*Hesingen 5 A
Heßberg 9 C
Hesseln 7 D
*Hesselte b. Lingen 5 B
Hesselteich 7 D
Hessen 7 J EPT
Heßlingen 5 J
*Hestrup 6 A
Heteborn 7 K PT
*Hetendorf 4 G
*Hetjershausen 8 G
Hetlingen 2 G
*Hettensen 8 G
*Hettborn 2 E
Het Waar 3 A
Heudeber 7 J EPT
*Heudorf 3 E
Heuerort 5 E
Heuersen 6 F
*Heuerstorf 4 J
Heuthen 9 H P
Heyden 7 E
Heyen 7 F
Heyerode 9 H PT
Hezingen 5 A
Hiddenhausen 6 D E PT
*Hiddestorf P. Pattensen 6 G
*Hiddingen 4 G
Hiddingsel 7 B PT
Hilbeck 8 C
*Hildesheim 6 G H EPT
*Hildesheimer Wald, der, 6 G
Hille 6 E PT
Hillegossen 7 D E PT
Hillentrup 7 E PT
*Hillern 4 G
*Hillerse 6 H
Hillershausen 9 E
Hillersleben 6 L
Hilligenort 5 E
Hilmsen 4 J
Hils, der, 7 G
*Hilten 5 A
*Hilter b. Osnabrück 6 C D EPT
*Hilter b. Meppen 4 B
Hiltrup 7 B EPT
*Hilwartshausen bei Göttingen 9 G
*Hilwartshausen b. Einbeck 7 G
*Himbergen b. Uelzen 3 J PT
Himmelpforten i. Westf. 8 C PT
*Himmelpforten b. Stade 2 F EPT
Himmelsberg 9 J
Hindenburg 4 L M PT
Hindorf 1 F
Hingstheide 1 G
*Hinnebeck 3 D
*Hinnenkamp b. Osnabrück 5 D
*Hinte 2 B PT
Hintermselde 5 D
Hinzdorf 4 L PT
*Hipstedt b. Bremervörde 2 E
Hirschberg in Westfalen 8, 9 D PT
Hirschberg, der, 9 G
*Hittbergen 3 J
*Hittfeld 2, 3 G EPT
*Hitzacker 3 K EPT
Hitzhusen 1 G
Hobeck, 6, 7 M
Hochlar 8 A
*Hoch Moor 2, 3 C
Hockensberg 4 D
*Höckel 5 C
Hödingen 6 K PT
*Höfeler, der, 6 F G
*Höfen P. Uchte 5 E
*Höfer 5 H
Höfingen 6 F
Höge 4 D
Höingen bei Münster in Westfalen 7 B
Höingen b. Hamm i. Westfalen 8 C
Höinghausen 9 E
Höinkhausen 8 D
Höltingen 4 D
*Hönau 2 F
*Höne 5 C D
*Hönnersum 6 G
*Hörden P. Herzberg am Harz 8 H
Höringhausen 9 E PT
*Hörne 1 F
Hörnerkirchen 1 G
*Hörpel 3 G H
Hörsingen 6 K PT
Hörste b. Halle i. Westf. 7 D PT
Hörste bei Warendorf in Westfalen 7 C
Hörste b. Lippstadt 8 D
Hörstel 6 B EPT
Hörsten b. Bramsche 5 C
Hörsten P. Bergen b. Celle 4 G
Hörster 7 C D
Hörstmar 7 E E
*Hörsum 7 G
*Hösseringen 4 H
Hötensleben 6 K PT
Hötensleben, Vorwerk 6, 7 K
Hoetmar 7 C PT
*Hötzingen 4 G
Hövel b. Hamm 8 C
Hövel b. Arnsberg 9 C
Hövelhof 7 E PT
Höven 4 D
*Höver b. Burgdorf 6 G
*Höver P. Bevensen 4 J
Höver i. Westfalen 7 A
Höwisch 4 L
Höxter 7, 8 F EPT
Hoffe 2 D
Hofgeismar 8 F EPT
Hogersdorf 1 H
Hohbrink 3 D
Hohe 7 F
*Hohe Asch 7 F
Hohe Berg 9 G
Hohe Egge, die, 6 F
Hohe Geiß 8 J PT
Hohe Lohe 8 E
*Hoheluscht 3 D
*Hohe Mechtin 4 J
*Hohemoor 2 C
Hohenaspe 1 G PT
Hohenauen 5 M
*Hohen Averbergen 4 F
Hohenberg 2 D
Hohenbergen 9 J
Hohenborn 2 H
*Hohenbostel 6 F
*Hohen-Bünstorf 4 H J
Hohen-Dodeleben 6 J PT
Hohendorf 7 L
*Hoheneggelsen 6 H EPT
Hohen-Erxleben 7 L PT
Hohenfelde i. Lauenburg 2 H
Hohenfelde b. Krempe 1 G
Hohengandern 9 G
Hohen-Gühren 5 M PT
Hohenhagen 8 G
*Hohenhameln 6 H EPT
Hohenhausen 6 E PT
Hohen-Henningen 6 K
Hohenholte 7 B PT
*Hohenholz 4 F
*Hohenhorst b. Burgdorf 5 G
Hohenhorst i. Schleswig 2 G
Hohenkirchen i. Mecklenburg 1 K
Hohenkirchen b. Grebenstein 9 F
Hohenkirchen i. Oldenburg 2 C EPT
*Hohenkörben 5 A
Hohen Lepte 7 M
Hohenlobbese 6 M
Hohen-Lukow 1 L
*Hohenmoor P. Bremervörde 2 F
*Hohenmoor b. Hoya 4 E
Hohen Pritz 2 L
Hohenrode 6 F
Hohenseeden 6 M
Hohensprenz 1 M PT
Hohen-Viecheln 1 L
Hohenwangelin 2 M
Hohenwarthe 6 L
Hohenwepel 8 F
Hohenwulsch 5 L
*Hohenzethen 4 J PT
Hohenziatz 6 M PT
Hohe Riff 1 B
Hoher Weg 1, 2 D
Hohe Schönberg 1 K
Hohe Stein, der, 9 H
*Hohne b. Celle 5 H PT
*Hohne P. Bergen b. Celle 4 G
*Hohnebostel 5 H
Hohneklippen 7 J
*Hohnhorst P. Hasperde 6 F
*Hohnhorst P. Beedenbostel 5 H
*Hohnsen 6 F
*Hohnstedt 7, 8 G
*Hohnstorf 3 H EPT
Hoisbüttel 2 H
*Holdenstedt P. Uelzen 4 J
Holdorf 5 C PT
*Hollage b. Osnabrück 6 C
Holle i. Oldenburg 3 D
*Holle b. Hildesheim 6, 7 H PT
*Hollen, Ostfriesland 3 C PT
*Hollen b. Geestemünde 2 E
*Hollen b. Bremervörde 2 F
Hollenbach 9 H
*Hollenbeck P. Harsefeld 2 F
Hollenbek i. Schleswig 2 J EPT
Hollendorf 5 L
*Hollenstede 5 C
*Hollenstedt b. Einbeck 8 G
*Hollenstedt 3 G PT
*Hollerdeich 1 F
*Hollern 2 G PT
Hollich 6 B
*Hollige b. Soltau 4 F G
Hollinde 6 D
Holling 7 C
Hollingen 6 B
Hollwege 3 C
*Holm b. Harburg 3 G
Holm i. Holstein 2 G PT
Holperdorf 6 C
Holsen b. Bünde i. W. 6 D
Holsen b. Lippstadt 8 D
*Holßel b. Lehe 2 E
Holstein 9 G
*Holsten P. Ankum 6 C D
*Holsten P. Salzbergen 6 B
Holsterhausen 8 A PT
*Holt, Grafschaft Bentheim 6 A
*Holte b. Meppen 4 B C PT
*Holte b. Diepholz 5 D E
*Holte, Ostfriesland 3 B
*Holtensen P. Hameln 6 F
*Holtensen P. Colenfd. 6 F
Holter 6 E
*Holtgast, Ostfriesld. 2 B C
*Holtgaste, Ostfriesld. 3 B
*Holthausen b. Meppen 4 B
Holthausen b. Borken 7 B
Holthausen b. Münster 7 A
Holthausen b. Werne 8 B
Holthausen b. Dorsten 8 A

*Holthausen b. Lingen 5 B
Holthausen i. Oldnbg. 5 D
Holtheim 8 E
Holthusen i. Mecklenburg 2 K EPT
*Holthusen, Ostfriesld. 3 L
Holtser Höhe 1 E
*Holtland, Ostfriesld. 3 L
*Holtlander-Rücke 3 B
*Holtorf P. Nienburg a. W. 5 F
*Holtorf b. Lüchow 4 L
*Holtorf b. Winsen a. d. Luhe 3 H PT
*Holtrop 2 B
*Holtrup b. Hoya 4 F
Holtrup b. Minden i. W. 6 E
Holtrup b. Münster 7 C
Holtrup i. Oldenbg. 4 D
*Holtum P. Langwedel 4 F
Holtwick b. Coesfeld 7 B EPT
Holtwick b. Haltern 7 A
Holungen 8 H
Holwierda 2 A
*Holxen P. Suderbg. 4 H J
*Holxter Berg, der, 4 H
Holzape 8 F
Holzen 8 E
Holzendorf 2 L
Holzengel 9 K
*Holzerode 8 G H
Holzhausen b. Kyritz 4 M
Holzhausen b. Lübbecke 6 D E PT
*Holzhausen P. Stolzenau 5 E F
*Holzhausen P. Harpstedt 4 D
Holzhausen b. Nieheim 7 F
Holzhausen b. Pyrmont 7 F
Holzhausen b. Lage 7 E
Holzhausen b. Immenhausen 9 F G PT
*Holzhausen P. Osnabr. 6 C
Holzhausen b. Minden i. W. 6 E PT
*Holzhausen P. Kirchdf. 5 E
Holzichausen 7 G
*Holzkamp b. Diepholz 4 D E
Holzminden 7 F G EPT
Holzsüßra 9 J
Holzthalleben 9 J PT
Holzwickede 8 C EPT
Hombressen 8 F PT
Homer 7 A
Homert 9 C
Houdelage 6 J
Honigfleth 1 F
Hoof 9 F PT
Hoogezand 3 A
*Hoogstede 5 A PT
Hooksiel 2 C PT
*Hoopte b. Winsen a. d. L. 2, 3 H PT
*Hope b. Schwarmstedt 5 G EPT
*Hope b. Hameln 6 F
*Hopels 2 C
Hoppeke 9 E
Hoppenstedt 7 J
Hopsten 5, 6 B C PT
Horla 8 K
Horn b. Detmld. 7 E EPT
Horn b. Werne 8 B
Horn b. Lippstadt 8 D EPT
Horn b. Bremen 3 E PT
Hornbeck 2 J
*Hornbostel 5 G
Hornburg 7 J EPT
*Horndorf 3 J
Horneburg i. Westfalen 8 B PT
*Horneburg i. Hannover 2 G EPT
Hornhausen 7 K PT
Hornsömmern 9 J
Hornstorf 1 L
Horsmar 9 H
*Horst b. Winsen a. d. L. 3 G H
*Horst P. Osterwald 5 F G
Horst b. Coesfeld 7 A
Horst i. Holstein 1 G EPT
*Horst b. Stade 2 F
*Horstedt P. Harpstedt 4 D E
*Horstedt b. Rotenburg 3 F
*Horsten, Ostfriesl. 2 C PT
Horsten i. Holland 4 A
Horstmar i. Westfalen 6 B EPT
Horumersiel 2 C PT
Hosüne 4 D
Hottensen 8 G H
*Hove 2 G
Hovestadt 8 C D PT
Hoxfeld 7 A
*Hoya 4 F EPT
*Hoyel 6 D
*Hoyerhagen 4 F
*Hoyerstorf P. Bodenteich 6 J
Hoym 7 K PT
*Hoyinghausen 5 E
*Huddestorf 5 E PT
Hude 3 D EPT
*Hudemühlen 4 G PT
*Huden 5 B
*Hüde 5 D
Hüffen 6 D
*Hüggelhof 6 C
Hüllhorst 6 E PT
Hüllschoiten 9 E
Hüllstede 3 C
Hülsdau 8 A
Hülsebeck 3 L
*Hülseberg 3 E
*Hülsede 6 F
*Hülsen b. Meppen 4, 5 B
*Hülsen P. Warmsen 4 F
Hülstein 7 A
Hümme 8 F EPT
*Hümmling, der, 4 B
*Hüntel 4 B
Hünxe 8 A
*Hünzingen 4 F G
*Hüpede 6 G
Hüpstedt 8 H PT
*Hüsede 6 D
Hüselitz 5 L
Hüsten 8, 9 C EPT
Hüttbleck 1 H
Hütten 6 M
*Hütten-Berg, der, 5 F
*Hüttenbusch 3 E
*Hüttendorf 3 E
Hüttenrode 7, 8 J EPT
*Hütthof 4 F G
*Hützel 3 G H
*Hüven 4 B
*Hufhaus 8 J
Hulsburg 7 J K
Hullern 8 B
Hultrop 8 C
*Hummeldorf 6 B
Hunau, der, 9 D
Hundelshausen 9 G
Hundeshagen 9 H PT
Hundewick 7 A
Huntebrück 3 D
*Hunteburg 5 D PT
Huntlosen 3, 4 D EPT
Hurrel 3 D
Husen 8 E
*Hustedt b. Hoya 4 E F
*Hustedt P. Celle 5 H
*Husum 5 F
*Huxahl 4 H
*Huxfeld 3 E
Huy-Wald, der, 7 K
*Hymendorf, Col. 2 G

Jabel i. Mecklenburg 3 K EPT
Jabel b. Pritzwalk 3 M
Jabelitz 1 L
*Jacobidrebber 5 D
Jacobsberg 8 F
Jade 3 D PT
Jade-Busen 2 D
Jaderberg 3 D EPT
Jännersdorf 3 M
Jagel 4 L PT
Jahrsau 4 K
*Jameln 4 K
*Janns Sand 1 C
Jarchau 5 L
*Jarlingen 4 G ET
*Jarnsen 5 H
Jasnitz 2 K PT
Jassewitz 1 K
*Jastorf 4 J
Javenitz 5 L
Ibbenbüren 6 C EPT
Ibbenb. Kohlen-Gebiet 6 C
*Iber 8 G
Iberg, der, 7 H
*Iburg b. Osnabrück 6 C PT
Iburg i. Westfalen 8 E
Ichstedt 9 K
*Icker 6 C
*Ickhorst 5 G
Iden 4 L EPT
*Idensen 6 F
Jeber 7 M
Jecha 9 F
Jeddeloh 3 C
*Jeddingen 4 F
Jederitz 4 M
Jeeben 5 K PT
Jeese 1 K
Jeetze 4 K PT
*Jeetzel 4 K
Jeggau 5 K
Jeggel 4 L
Jeggeleben 4 K
*Jeggen 6 D
*Jeinsen 6 G PT
*Jelmstorf 3 J
*Jembke 5 J PT
*Jemgum 3 B PT
Jemmeritz 5 K
*Jennelt 2 B PT
Jerchel b. Rathenow 5 M
Jerchel b. Jerichow 5 L M
Jerchel bei Gardelegen 5 K PT
Jerichow 5 M PT
Jeringhave 2 C
Jersleben 6 L
*Jerstedt 7 H PT
Jerxheim 6, 7 J K EPT
Jesendorf 1 L
Jeseritz 5 K
Jessenitz 3 K EPT
Jestädt 9 H
*Jesteburg 3 G EPT
Jethausen 2, 3 D
Jever 2 C EPT
*Jeversen 5 G
Jffens 2 D PT
Jggenhausen 8 E
*Jherings-Fehn 3 B
*Jhlbrock 5 D
Jhleburg 6 L M
*Jhlower-Fehn 2 B
*Jhlowerhörn 2 B
*Jhme 6 G
Jhmert 9 C PT
Jhorst 5 D
*Jhren 3 B
*Jhrhose 3 B EPT
Jhringshausen 9 F EPT
Jjosinghuizen 4 A B
Jlberstedt 7 L EPT
Jldehausen 7 H EPT
*Jlfeld 8 J EPT
Jlpe 9 D
Jlsenburg 7 J EPT
Jlserhaide 6 E
*Jlster 4 H
*Jlten 6 G PT
Jlvese 5 E
*Jmbshausen 8 H PT
Jm Dören 7 E
Jmmekath 5 K
*Jmmenbeck 2 G
Jmmendorf 8 H J EPT
Jmmenhausen 9 F EPT
Jmmenrode i. Schwarzburg-Rudolstadt 9 J
*Jmmenrode 7 H J PT
*Jmmensen 6 G H EPT
*Jmsum 2 D E
Jngeleben 6 J PT
Jntrup 6 C
*Jntschede 4 F PT
Jöllenbeck 8 D PT
Jöllenbecker Hagen 6 D
Jössen 6 E
Johannstorf 1 J
Jonitz 7 M EPT
*Jork 2 G PT
Jppinghausen 9 F
Jpramp 3, 4 E
Jpse 5 K
*Jrmseul 7 G
Jrxleben 6 L PT
*Jschenrode 9 H
*Jsenbüttel 5 J EPT
Jsendorf 7 C
Jsendorf b. Rheine 6 B
Jsenhagen b. Ahlen i. W. 5 J
*Jsensee 1 F
Jsenstädt 6 E
Jser Berg, der, 1 K
Jserlohn 9 B C EPT
Jserloy 4 D
*Jsernhagen 5 G PT
Jsselhorst 7 D EPT
*Jssendorf 2 F PT

Iſſerhellingen 9 J
Iſterbies 6 M
Iſtha 9 F
Iſtrup 8 F
Itz, der, 7 G
*Itterbeck 5 A
Itzehoe 1 F EPT
*Itzenbüttel 3 G
Itzſtedt 1 H PT
Jübar 5 J PT
*Jübberde 3 C
*Jühnde 8 G P
Jülchendorf 2 L
Jürgenshagen 1 L
Jürichau 7 M ET
*Juiſt 1 A PT
Juliusburg 2 H
Iwenrode 6 K

Kabelitz 5 M PT
Kachtenhauſen 7 E PT
Kade 6 M PT
Käcklitz 4 M
Kämeritz 7 M
Käſelow 1 M
*Käſtorf 5 J
*Kahl-Berg, der, 7 H
Kahler Aſtenberg, der 9 D
Kaierde 7 G
Kaiſer Wilhelmskoog 1 E
Kaiſer Wilhelm-Kanal 1 F
*Kakenſtorf 3 G
Kakerbeck 5 K EPT
*Kakerbeck 2 F
Kalbe an der Saale 7 L EPT
Kalbe a. d. Milde 5 K PT
Kalberwiſch 4 L
*Kalefeld 7 H PT
Kalenberg 8 F
Kaliß 3 K
Kalitz 6 M
Kalkhorſt 1 K PT
*Kalkrieſe 5 C D
Kalkwijk 3 A
Kalldorf 6 E PT
Kalle 9 D PT
Kallehne 4 K PT
Kallenhardt 8 D PT
Kalmerode 9 H
Kaltendorf 5 K
Kalteneber 9 H
Kaltenkirchen 1 G EPT
*Kaltenweide 5 G E
*Kalteſchale 5 E
Kaltohmfeld 8 H
Kambs 1 M PT
Kamen 8 B EPT
Kamern 4 M
Kammerbach 9 G
Kammin 1 M PT
Kanſtein 9 E PT
Karbow 2 M PT
Karcheez 1 M
Karenzin 3 L
Karſt 2 J K
Karith 6 L
Karlshafen 8 F EPT
Karow b. Wismar 1 K
Karow b. Genthin 6 M
Karow b. Malchow 2 M EPT
Karſtädt b. Grabow 3 K L
Karſtedt b. Perleberg 3 L EPT
Karthaus, Kloſter 7 B

Kaſſel 9 F EPT
Kaſſow 1 M
Kaſſuhn 4 K
Kaſtahn 1 K
Kaſtedt 9 K
Katelbogen 1 L
Katharinenberg 9 H
Kathrinhagen 6 F
Kattenvenne 6 C EPT
*Kattien 4 J
*Katzien 4 J
Kaufungen 9 G
*Kaufunger Wald, der, 9 G
Kaulitz 4 K
Kaunitz 7 D PT
Keddinghauſen 8 D E
Keez 1 L PT
Kefferhauſen 9 H
Kehden-Moor 1, 2 F 2 G
*Kehdingbruch 1 E PT
Kehmſtedt 8 J
Kehnert 6 L PT
Kehrberg 3, 4 M
Kehrenbach 9 G
Kelbra 9 K EPT
*Kellerberg 4 B EPT
Kellinghauſen 8 D
Kellinghuſen 1 G EPT
Kelſe 8 F
*Kemme 6 H
Kemnade 7 F
Kemnitz 3 M
Kempen 7 E
Kemper 7 B C
Kerchau 7 M
Kerkau 4 K
Kerkuhn 4 K
Kermen 7 M
Kerßenbrock 6 D
*Kerſtlingerode 8 H PT
Kesbern 9 E
Keſſebühren 8 C
Keſſel-Berg, der, 5 L
Keſſeler 8 C
*Kettenburg 4 G PT
*Kettenkamp 5 C
Kieth 2 M
Kietz b. Rhinow 4 M
Kietz a. d. Elbe 3 K PT
Kindelbrück 9 K PT
Kirchberg 9 F
*Kirchboitzen 4 F PT
Kirchborchen 8 E
*Kirchborgum 3 B
Kirchbrak 7 G PT
Kirchdinker 8 E
Kirchdonop 7 E
Kirchdorf i. Mecklenburg 1 K PT
*Kirchdorf bei Harburg 2 G H
Kirchdorf in Oldenburg 3 D
*Kirchdorf bei Sulingen 5 E PT
*Kirchdorf bei Hannover 6 F G
Kirch-Dornberg 7 D
Kirchgandern 9 G
*Kirchgellerſen 3 H
Kirchhatten 4 D PT
Kirchheide 6, 7 E PT
Kirchhellingen 9 J PT
Kirchhellen 8 A EPT
*Kirch-Heſepe 5 B PT
Kirchhof 9 G
*Kirchhorſt 5 G

Kirchhuchting 4 E
Kirch-Jeſar 2 K EP
Kirchkimmen 3 D
Kirch-Kogel 2 M
Kirchlengern 6 E EPT
*Kirchlinteln 4 F EPT
Kirchloog 2 B
Kirchlotheim 9 E
Kirch-Mulſow 1 L PT
Kirch-Niedenſtein 9 F
Kirchohmfeld 8, 9 H
*Kirchohſen 7 F
*Kirchrode 6 G PT
Kirchroſin 1 M
*Kirchſeelte 4 E
Kirchſpiel 2 D
Kirchſteinbeck 2 H P
Kirch-Stück 2 K
*Kirchtimke 3 F PT
*Kirchwahlingen 4 F
*Kirchwalſede 4 F PT
*Kirchwehren 6 F G
Kirch-Welver 8 E
*Kirchwerder 2 H
*Kirchweyhe b. Syke 4 E EPT
*Kirchweyhe b. Uelzen 4 J
*Kirchwiſtedt 2 E
Kirchworbis 9 H PT
Kisdorf 1 G
Kiſſenbrück 6 J
Kittlitz 2 J
Klaber 1 M
Kladow 2 L
Kladrum 2 L PT
Kläden b. Stendal 5 L EPT
Kläden b. Arendſee 4 K PT
Klattenhof 4 D
Klebs 7 M
Kleekamp 1 L
Kleibnok 3 D
*Klein-Algermiſſen 6 G
Klein-Almerode 9 G
Klein-Alsleben 7 K
Klein-Ammensleben 6 L
Klein-Apenburg 5 K
Klein-Aſchen 6 D
*Klein-Aſpe 2 F
Klein-Auloſen 4 L
Klein-Ballerſtedt 4 L
Klein-Ballhauſen 9 J PT
Klein-Bengerſtorf 2 J PT
*Klein-Berkel 7 F E
Klein-Berkenthin 1 J E
Klein-Berndten 9 J
*Klein-Berßen 4 B
Klein-Beuſter 4 L
Klein-Bierſtedt 5 K
Klein-Bodungen 8 J PT
*Klein-Bokern 5 C
Klein-Bollenhagen 3 D
*Kleinborſtel 4 E
*Klein-Bramſtedt 4 E
*Klein-Breeſe 4 K
Klein-Bremen 6 E
Klein-Brüchter 9 J
Kleinbrügg 1 H
Klein-Brunsrode 6 J
*Klein-Buchholz 5, 6 G PT
*Klein-Bülten 6 H
*Klein-Burgwedel 5 G
Klein-Chüden 4 K
Klein-Dahlum 6 J
Klein-Dedeleben 7 J
Klein-Denkte 6 J

*Klein-Döhren 7 H
*Klein-Dörgen 5 B
*Klein-Dohren 5 B
*Klein-Drehle 5 C
Klein-Driene 6 A
*Klein-Eicklingen 5 H PT
*Klein-Eilſtorf 4 F
*Klein-Elbe 6, 7 H
Kleinen 1 K EPT
Kleinenberg 8 E PT
Klein-Engerſen 5 K
Kleinenging 4 C
Kleinenhein 2 E
Kleinern 9 E
*Klein-Flöthe 6, 7 H J PT
Klein-Flottbeck 2 G PT
*Klein-Förſte 6 G
*Klein-Freden 7 G
*Klein-Fredenbeck 2 F
*Klein-Fullen 5 B
*Klein-Gaddau 4 J K
Klein-Gartz 4 K
Klein-Germersleben 7 K L
Klein-Gerſtedt 4 K
*Klein-Gießen 6 G
Klein-Giſchau 4, 5 K
Klein-Gotſchow 3 M
Klein-Grabe 9 J
Klein-Grenz 1 M
*Klein-Grindau 5 G
Klein-Grönau 1 J
*Klein-Gusborn 3 K
*Klein-Häuslingen 4 F
*Klein-Haltern 6 D
Klein-Hansdorf 1 H
*Klein-Heere 7 H
*Klein-Hehlen 5 H
*Klein-Heide 3 K
*Klein-Heinß 4 F
*Klein-Henſtedt 4 D
*Klein-Heſel 3 B
*Klein-Heſepe 5 B
Klein-Heydorf 5 F
*Klein-Hilligsfeld 6 F
Klein-Hohlſtedt 8 K
*Klein-Hollwedel 4 G
*Klein-Horſten 2 C
*Klein-Ilſede 6 H
*Klein-Ippener 4 E
*Klein-Ippenſen 3 F
*Klein-Klecken 3 G
Klein-Klinkrade 1 J
*Klein-Köhren 4 D E
Klein-Krams 3 K
Klein-Krembel 9 K
Klein-Kühnau 7 M
Klein-Laaſch 3 L
*Klein-Lafferde 6 H
*Klein-Lengden 8 G H EPT
Klein-Leſſen 5 E
*Klein-Liedern 4 J
Klein-Lockſtedt 6 K
*Klein-Lopke 6 G H
Klein-Lübars 6 M
Klein-Lüben 4 L
Klein-Lübs 7 M
*Klein-Mackenſtedt 4 E
*Klein-Mahner 7 H E
Klein-Mangelsdorf 5 M
*Klein-Meckelſen 3 F
Klein-Miſt 1 J
Klein-Möhringen 5 L
Klein-Mühlingen 7 L
*Klein-Munzel 6 F
*Klein-Nenndorf 6 F
Klein-Nordende 1 G

Klein-Nuttel 4 D
*Klein-Öfingen 5 H J
Klein-Offenseth 1 G
*Klein-Oldendorf 3 C
Klein-Ottersleben 6 L PT
Klein-Pankow 2 M
Klein-Parin 1 J
Klein-Paschleben 7 L M PT
Klein-Poßfeld 1 F
Klein-Quenstedt 7 K
Klein-Reken 7 A PT
Klein-Rhüden 7 H
*Klein-Ringe 5 A
Klein-Rodensleben 6 K L PT
Klein-Rogahn 2 K
Klein-Ronnau 1 H
Klein-Roscharden 4 C
Klein-Rosenburg 7 L M
Klein-Rossau 4 L PT
Klein-Salitz 2 K
*Klein-Sander 3 C
Klein-Santersleben 6 K L
Klein-Sarau 1 J
Klein-Schlingen 4 F
Klein-Schmölen 3 K
Klein-Schönberg 2 H
Klein-Schwarzlosen 5 L
Klein-Schwechten 5 L
*Klein-Schwülper 6 H
Klein-Siemz 1 J
*Klein-Sittensen 3 F
*Klein-Solschen 6 H
*Klein-Stavern 4 B
*Klein-Steinwedel 5, 6 G H
Klein-Stieten 1 K
Klein-Stöckheim 6 H J
*Klein-Süstedt 4 H
Klein-Tessin 2 M PT
*Klein-Thondorf 3 J
Klein-Thurow 2 J
Klein-Timmendorf 1 J
*Klein-Totshorn 3 G
Klein-Trebbow 1 K
Klein-Tucheim 6 M
Klein-Turra 9 J
Klein-Twülpstedt 6 J K
Klein-Urleben 9 J
Klein-Wangelin 2 M
Klein-Wanzleben 6, 7 K EPT
Klein-Wardow 1 M
Klein-Wechsungen 8 J
Klein-Welsbach 9 J
Klein-Werther 8 J
*Klein-Wiesedermeer 2 C
Klein-Winnigstedt 7 J
*Klein-Witzeitzen 4 J
*Kleinwörden 2 F
*Klein-Wohnste 3 F G
Klein-Wudicke 5 M
Klein-Wulkow 5 M
Klein-Wusterwitz 5 M PT
Klein-Zecher 2 J
*Klenkendorf 2 F
Klepps 6 M
Kletzke 4 M PT
Kleutsch 7 M
Kleyhausen 2 D
Klietz 5 M PT
Klietznick 5 M
Klieve 8 D
Klingen 9 J K P
Klingendorf 1 M
Klinke 5 L
Klinken 2 L PT

*Klint 2 F
Klinze 6 K
Klodbram 2 K
Klötze 5 K EPT
*Klosterseelte 4 E
Klotingen 8 C
Klotzenloch 1 E
Klüden 5 K L
Klüß 3 L
Klütz 1 K PT
*Kluse 4 B EPT
Knechtsand 1 D
Kneese 2 J
*Knesebeck 5 J PT
*Knick-Berg, der, 5 E
Kniphausen, Burg, 2 C
Knoblauch 5 M
Knüll-Berg, der, 6 D
Kobbel 5, 6 L
Kobrow 1 M
Kochstedt b. Halberstadt 7 K EPT
Kochstedt b. Dessau 7 M
Köbbelitz 5 K
Köckte 5 K PT
*Köhlen b. Lüchow 4 K
*Köhlen b. Lehe 2 E
*Kölau 4 J
Kölkebeck 7 D
Kölleda 9 K EPT
Kölzin 2 J
*Könau 4 J
Köngeda 9 J
Königerode 8 K PT
Königsaue 7 K L PT
Königsborn 8 B C
Königslutter 6 J EPT
Könnigde 5 L
Köpernitz 6 M
Körbecke b. Soest 8 C D PT
Körbecke b. Borgentreich 8 F PT
Körbelitz 6 L
Körchow 2 K
Körle 9 F EP
Körner 9 J EPT
Körtlinghausen 8 D
Koesfeld 7 A B EPT
*Köstorf 3 J
Köterberg, der, 7 F
Köthen 7 M EPT
Kötzlin 4 M
*Köven 2 F
Kogel b. Malchow 2 M PT
Kogel b. Mölln 2 J
Kohlheim 3 E
Kohlstädt 7 E PT
*Kohnsen 7 G
Kohrsheim 7 J
Kohrstedt 5 K
Kolbitz 6 L PT
Kolham 3 A
*Kolkhagen 3 H
Kollerbeck 7 F
Kollmar 1 F PT
Kolrep 3, 4 M PT
*Konau 3 J
Konow 3 K
*Koppenbrügge 6 F G EPT
Koppengraben 7 G
Korbach 9 E EPT
*Kornau 5 D
Kossebau 4 L
Kotten 7 A
Kraak 2 K

*Krähenwinkel 5 G
Krakau 6 L PT
Krakow 2 M EPT
Krampfer 3 M
Krams 4 M
*Krautsand 1 F
*Kreepen 4 F
Kreien 2 M
*Kreiensen 7 G H EPT
*Krelingen 4 G
Kremkau 5 J K
Kremlingen 6 J PT
Kremmin 3 L
*Krempe 1 F EPT
*Krempel 1 E
Krempelsdorf 1 J
Krempin 1 L
*Krems 1 H
*Kreuz-Berg, der, 5 C
Kreuzburg 3 L M
Kreuzeber 9 H
*Krevese 4 L PT
*Krimderode 8 J
Krinitz 3 K
Kritzkow 1 M PT
Krivitz 2 L EPT
Kröchern 6 L
*Kröppelshagen 2 H
*Kroge 4 G
Krommert 7 A
Kronskamp 1 J
Kroppenstedt 7 K EPT
Kropswolde 3 A
Krottorf 7 K EPT
Krudenburg 8 A
Krüchern 7 L M
Krüden 4 L PT
*Krümme 5 H J
Krüssau 6 M
*Krüssel 4 B
Krützfleth 1 F
Krüzen 2, 3 H J
Krumbach 9 G PT
Krumbek 1 J
Krumke 4 L
*Krumme Meer 4 B
*Krummendeich 1 F PT
Krummendiek 1 F
Krummwehl 1 E
*Krusendorf 3 J
*Krusenhausen 4 G
Kuden 1 F
Küchen 9 G
Kückenmoor 4 F
Kückritz 1 J
*Küddelse 4 G
*Kührstedt 2 E
Kükels 1 H
Külitz 4 J
Küllstedt 9 H EPT
Künsebeck 7 D
Küntrop 9 C
Küsel 6 M
Küstelberg 9 D E PT
*Küsten 4 K
Küventhal 7 G
Kubbier 3 M
Kuhblank 4 L E
Kuhfelde 4 K EPT
*Kuhla 2 F
Kuhlhausen 4 M
Kuhren, Col., 7 M
Kuhs 1 M
Kuhsdorf 3 M
*Kuhstedt 3 E
Kuhstorf 2 K P
Kulf 7 G

Kulpin 2 J PT
Kummer 3 K
Kummerfeld 2 G
Kunow 4 M
Kunrau 5 K EPT
*Kuppendorf 5 E
Kuppentin 2 M
Kurzen-Trechow 1 L
Kusum 7 D
*Kutenholz 2 F
Kutzleben 9 J
Kuxhaven 1 E EPT
Kyffhäuser-Denkmal 9 K PT
Kyritz 4 M EPT

Laage 1 M EPT
*Laar 5 A
Laase i. Mecklenbg. 1 L
*Laase b. Dannenbg. 3, 4 K
Laaslich 3 L
*Laave 3 K
Labenz 2 H J PT
*Lachendorf 5 H PT
Ladbergen 6 C PT
Ladeburg 6 M
*Laderop 2 G
*Laderholz 5 F
Lägerdorf 1 G PT
*Lähden 4 B
*Laer b. Osnabrück 6 C PT
Laer b. Münster 7 B PT
*Laer b. Melle 6 D
*Laer-Berg, der, 6 C D
Lage i. Lippe 7 E EPT
*Lage P. Neuenhaus (Hannover) 5 A
*Lage P. Rieste b. Bramsche 5 C
Lagendorf 4 J
*Lagershausen 8 H
*Lahausen 4 E
Lahde 6 E PT
*Lahn 4 B C
*Lahre 5 B
Lalendorf 1 M EPT
Lammerden 8 F
*Lamspringe 7 H EPT
*Lamstedt 2 F PT
Landau 9 E F PT
*Landegge 4 B
Landersum 6 B
*Landesbergen 5 F
Landhausen 9 C
*Landringhausen 6 F
*Landsatz 3 K
Landscheide 1 F
Lange Berg, der, 1 L
Langebrügge 3 C
*Langefeld, Col., 2 B
*Langelage 6 D
Langeln b. Halberstadt 7 J PT
Langeln i. Holstein 1 G
*Langeloh 3 G
Langelohe 1 G
Langelsheim 7 H EPT
*Langen b. Geestemünde 2 E EPT
*Langen b. Lingen 5 B
*Langen P. Badbergen 5 C
*Langenacker 5 B C
Langenberg 7 D EPT
*Langenbrügge 4 J
Langen-Brütz 2 L
*Langendamm 5 F
*Langendorf 3 K PT

Langeneicke 8 D
*Langenhagen 5 G EPT
Langenharm 2 G
*Langenhausen 2 E F
Langenheide 3 J K
Langenholthausen 9 C
Langenholzhausen 6 E PT
Langenhorn 2 G PT
Langenhorst, Stift b. Ochtrup 6 B PT
Langenhorst b. Münster 7 B
Langenlehsten 2 J
Langenstein 7 K EPT
Langenstraße 8 D
Langenthal 8 F
Langenweddingen 7 L EPT
*Langeoog 1 B C PT
Langewiese 9 D
Langförden 4 D EPT
Langhagen 1, 2 M EPT
*Langholt 3 B C
*Langlingen b. Celle 5 H PT
Lang Lütgen-Sand 2 D
Langnow 3 M
Langschede 8 C EPT
Langscheit 9 C
*Langstraße 2 C
Langula 9 H
Langwarden 2 D PT
*Langwedel b. Verden 4 F EPT
*Langwedel P. Hankensbüttel 5 J
Langwege 5 D
Lankau 2 J
Lanken 2 L
Lanz 8 L EPT
*Lanze 4 K
*Larrelt 2 B PT
Lasbeck 7 B
*Lasfelde 8 H
Lashorst 6 D
Laskwerd 3 A
Lassahn 2 J PT
Lastrup i. Oldenbg. 4 C PT
*Lastrup b. Meppen 4, 5 B
Latendorf 1 G
*Lathen 4 B EPT
*Lathwehren 6 F G
Lattorf 7 L
Lattrop 5 A
Laude 4 B
Laudenbach 9 G
*Lauenau 6 F PT
*Lauenberg 8 G
*Lauenbrück 3 G EPT
Lauenburg 2, 3 J EPT
*Lauenförde 8 F EPT
Lauenhagen 6 F PT
*Lauenstein 7 F G EPT
Lauingen 6 J
*Laumühlen 2 F
Laupin 3 K
*Lautenthal 7 H EPT
*Lauterberg 8 H J EPT
*Lavelsloh 5 E
*Laven 2 E
*Lavenstedt 3 F
Lavesum 7 A B
Lebatz 1 H J
Lebenstedt 6 H
Leblich 7 A
*Lechstedt 6 G H
Ledde 6 C
Ledinger Land 3 B
Leeden 6 C
*Leer, Ostfriesl., 3 B EPT
Leer i. Westfalen 6 B PT
*Leerhave 2 C
Leermens 2, 3 A
*Leerssen 4 E
*Leese 5 F PT
*Leeste 4 E PT
Leetze 4 K
*Leezdorf 2 B
Leezen 1 H PT
Legde 4 M PT
Lehe i. Holstein 1 F
*Lehe b. Geestemünde 2 E EPT
*Lehe P. Aschendorf 4 B
Lehmbracken 7 B
Lehmden bei Oldenburg 3 D
Lehmden b. Diepholz 5 D
*Lehmke 4 J
Lehmrade 2 J E
Lehndorf 6 H
*Lehnstedt 3 E
*Lehrden 4 F
Lehre 6 J PT
*Lehringen 4 F
Lehrte P. Bokeloh 5 B
*Lehrte b. Hann. 6 G EPT
Lehsen 2 K
Leiberg 8 E
*Leiferde 5 H EPT
Leinde 6 H
Leinefelde 9 H EPT
Leisten 2 M
*Leistlingen 5 G
*Leitzingen 4 G
Leitzkau 7 M PT
Lelbach 9 E
Lellens 3 A
Lelm 6 J
Lembeck, Ort, 7 A PT
Lembeck, Schloß, 7 A PT
*Lembruch 5 D EPT
*Lemförde 5 D EPT
Lemgo 7 E EPT
*Lemke 5 F PT
Lemselo 6 A
Lemwerder 3 E PT
Lendringsen 9 C
*Lengede 6 H
Lengefeld 9 H
Lengefeld 8 K
Lengerich i. Westfalen 6 C EPT
Lengerich b. Lingen 5 B PT
*Lenglern 8 G PT
Lenissen 4 D
Lenkerbeck 8 A
Lenne b. Stadtoldendorf 7 G
Lenne b. Meschede i. W. 9 D PT
Lennhausen 9 C
Lenningsen 8 C EPT
Lenterode 9 H
Lentföhrden 1 G
*Lenthe 6 G
Lentrup 7 C
Lenzen a. d. Elbe 3 K L EPT
*Lenzen b. Dannenberg 3 K
Leppin 4 L PT
Leps 7 M
*Lerbach 8 H PT
Lerbeck 6 E
*Leschede 5 B EPT
Lesse 6 H PT
*Lessien 5 J
Leste 8 D
*Lesum 3 E EPT
*Lesumstotel 3 E
Leteln 6 E
Lethe 4 D
Lette b. Münster i. W. 7 A EPT
Lette b. Minden i. W. 7 D PT
Letzlingen 5 L PT
Leubingen 9 K EPT
Leussow 3 K PT
Leuste 7 B
Levern, Stift, 6 D PT
Leversum 7 B
*Leveste 6 F G
Lewinghausen 5 B C
Lewitz-Bruch, das große, 2 L
Leydn 7 A
Lichtau 5 K
Lichtenau, Hessisch, 9 G
Lichtenau i. Westf. 8 E PT
*Lichtenberg b. Lüchow 4 K
Lichtenberg in Braunschweig 6 H EPT
Lichtenhagen 7 F
Lichterfelde 4 L PT
*Liebenau bei Nienburg 5 E F PT
Liebenau b. Kassel 8 F EPT
*Liebenburg 7 H PT
Lieme 7 E PT
Liemke 7 D E
Lienen 6 C PT
Liener 4 C
Liepe i. Mecklenburg 3 K
Liepe b. Lüchow 4 K
Liepen 2 M
Lieps 1 K
Liesborn 8 D PT
Liesen 9 E
Liesten 4 K
Lieth 1 G
Lietzo 6, 7 M
Lietzow 7 M
*Lilienthal 3 E PT
*Limbergen 5 C
*Limmer 6 G PT
Linau 2 H
*Lindau 8 H PT
Lindau 7 M EPT
*Linden 6 G EPT
Lindenaue, Landgestüt, 4 M
Lindenberg b. Harzgerode 8 K
Lindenberg bei Wilsnack 3, 4 M
Lindenberg b. Seehausen 4 L
Lindern b. Cloppenburg 4 C PT
Lindern b. Detern 3 C
Lindewerra 9 G
Lindhorst 6 F EPT
*Lindloh, Kol., 4 A
Lindstedt 5 L PT
*Lingen 5 B EPT
*Lingwedel 5 H J
*Linsburg 5 F EPT
Linswege 3 C
Linteln i. Oldenbg. 3 D
*Linteln b. Verden 4 F
*Lintern 5 C
*Lintig 2 E
*Lintzel 4 H
Lippborg 8 C PT
Lippentrup 7 D
Lipperode 8 D
Lippischer Wald 7 E
Lippisch Neudorf 7 E
Lippoldsberg 8 G PT
*Lippoldshausen 9 G
Lippolthausen 8 B
Lippramsdorf 8 A EPT
Lippspringe 7 E PT
Lippstadt 8 D EPT
Liprechterode 8 J
Lissow 1 M
*List 6 G
*Listrup 6 B
*Lit-Berg, der, 2 G
Littel 4 D
Lobach 7 F G
Lobmachtersen 6 H
Loburg 6 M EPT
*Loccum 5 F PT
Lochtrup 7 A
*Lochtum 7 J
Lockhausen 7 E PT
Lockstedt i. Schleswig 1 G
Lockstedt b. Pritzwalk 3 M
Lockstedt b. Kalbe 5 K
Lockstedt, Truppenübungsplatz, 1 G EPT
Lockwisch 1 J
Lodbergen 4 C
Löbnitz 7 L PT
Lödderitz 7 M P
Löderburg 7 L PT
*Lödingsen 8 G PT
Löhne 6 E EPT
*Löhnhorst 3 E
Löningen 4 C EPT
Löwen 8 E F
Löwendorf 7 F
*Löwenhagen 8 G
*Loga 3 B
*Logabirum 3 B
*Loge b. Bassum 4 E
*Loge P. Martfeld 4 F
*Logumer Vorwerk 3 B
*Lohaus 5 D
*Lohe P. Eschede 4 H
*Lohe P. Bergen b. Celle 4 G
*Lohe P. Stubben 2, 3 E
*Lohe P. Beverstedt 2 E
Lohe i. Oldenburg 3 C
*Lohe P. Bokeloh 4, 5 B
*Lohe b. Nienburg 5 F
*Lohe P. Freren 5 B
*Lohe P. Uchte 5 E
Lohmen 2 M
Lohn 4 M
Lohne i. Westfalen 8 D
Lohne b. Kassel 9 F PT
Lohne b. Kalbe 4 L
*Lohne b. Lingen 5 B PT
Lohne i. Oldenburg 5 D EPT
Loitsche 6 L PT
*Lomitz 4 K
*Lonau 8 H
Lonburg 7 C
*Lonne 5 C

Mesendorf 3 M PT
*Mesloh 5 E
Meßdorf 5 L EPT
*Messenkamp 6 F
*Messingen 5 B
Messinghausen 9 E EPT
Meßlingen 6 E
Mestlin 2 L PT
Mesum 6 B EPT
*Metel 5 F G
Metelen 6 A B EPT
Mettingen 6 C PT
Mettinghausen 8 D
Metze 9 F
*Meyenburg b. Bremen 3 E PT
Meyenburg i. d. Prignitz 3 M EPT
Mezen 1 K
Michaelstein, Bastei, 7 J
Middel 7 A
*Middels-Westerloog 2 C
Middendorf 6 B
Middogge 2 C
*Midlum b. Bremen 1 E PT
*Midlum, Ostfriesland, 3 B PT
Midwolde 3 A
*Miele 4 H
*Mienenbüttel 3 G
Mieste 5 K EPT
Miesterhorst 5 K E
Milow b. Rathenow 5 M PT
Milow b. Lenzen 3 L
Milte 7 C PT
Miltern 5 L M E
Minden 6 E EPT
*Mingerode 8 H PT
Minsen 1 C PT
Minsleben 7 J EPT
*Minstedt 2 F
Mirow 2 L EPT
*Misburg 6 G EPT
*Misselwarden 2 D PT
Miste 8 D
Mistorf 1 M EPT
*Mittelberge 9 C D
Mittel-Deich 2 D
Mitteldorf 8 J
Mittelhofschlag 3 D
Mittel-Huchting 3, 4 E
*Mittelnkirchen 2 G
*Mittelrode 6 G
*Mittelsdorf 2 F
Mittelsömmern 9 J
*Mittelstenahe 2 E F
*Mittelstendorf 4 G
Mittelsten-Thüle 4 C
Mittling 3 B
Möckern 6 M EPT
Mödlich 3 K
Möglin 5 M PT
Möhler 7 D
Möhnsen 2 H EPT
Möllbergen 6 E E
Möllenbeck b. Rinteln 6 E F PT
Möllenbeck i. Mecklenburg 3 L PT
Möllenbeck b. Bismark 5 L
Möllendorf 4 L
Mölln 2 J EPT
Mönchhagen 1 J
Mönkloh 1 G
Mönninghausen 8 D
*Mörse 6 J PT
*Mörsen 4 E
Möst 7 M
Mözen 1 H
Mohrlinge 5, 6 E
*Moide 4 G
Moisall 1 L
*Moisburg 2 G PT
Molbergen 4 C PT
Molitz 4 K
Molkenberg 5 M
Mollberg 3 C D
Mollhagen 2 H EPT
Molmerswende 8 K
Moltenow 1 L
*Molzen 4 J
*Moor b. Hoya 4 E
Moor b. Lenzen 3 K
*Mooraussmoor 2 E
*Moorburg b. Lüneburg 2 G PT
*Moorburg, Ostfriesland, 3 C
*Moordorf, Ostfriesland, 2 B E
*Moordorf b. Neustadt a. R. 5 F
Moordorf i. Holstein 1 G
Moorhausen 3 D
Moorhusen i. Holst. 1 F G
*Moorhusen, Col., Ostfriesland, 2 B
Moorwarfen 2 C
Moosberg, der, 7, 8 F G
Moraas 2 K
*Moringen 8 G EPT
Moritz 7 M
*Moritzberg 6 G P
Morsleben 6 K
*Morsum 4 E F PT
Morungen 8 K
Mosheide 7 E
Mosigkau 7 M EPT
Motzenrode 9 H
Mucrum 6 D
Muchow 3 L
Muddenhagen 8 F
Müddewörde 2 H
*Müden 5 H PT
*Müggenburg 4 E
*Müggenkrug 2 C
*Mühlen 5 D
Mühlenbarbek 1 G
Mühlen-Eichsen 1 K PT
Mühlengeez 1 M
Mühlhausen i. Waldeck 9 E PT
Mühlhausen i. Thüring. 9 H EPT
Mühlstedt 7 M PT
Mülheim 8 D PT
Müllingsen 8 C D
*Münchehagen 5 F PT
Münchehof 7 H EPT
Münchenhof 7 K
Münden i. Waldeck 9 E
*Münden i. Hannover 9 G EPT
*Münder 6 F EPT
*Münnigbüren 5 B
Münster i. Westf. 7 B EPT
Münsterbrok 7 F
Münsterdorf 1 G
*Müschen 6, 7 C D
*Müsleringen 5 E PT
Müsselmow 2 L
Müssen 2 J EPT
Müssingen 7 C
Mützel 6 M
*Mützingen 4 J
Muggesfelde 1 H
*Mulmshorn 3 F
*Mulsum b. Stade 2 F PT
*Mulsum 2 D E
Mummendorf 1 K
*Mundersum 5 B
*Munster 4 H EPT
*Munster, Truppenübungsplatz, 4 H EPT
Muntendam 3 A
Musselbuizen 4 A
Mustin 2 J PT

Naasitz 9 K
Nachterstedt 7 K EPT
Nadorst 3 D
Naendorf 6 B
Naensen 7 G EPT
Nahe 1 H PT
*Nahrendorf 3 J
Nahrstedt 5 L
Nantrow 1 L
*Narjesbergen 4 G
*Narthauen 3 F
*Narium 3 F
Natarp 7 C
Nateln 8 C
*Natendorf 3 H
*Natenstedt 4 D
Natho 7 M
Natrup b. Münster 7 B
*Natrup P. Hagen 6 C E
Natzungen 8 F
Naudin 1 K
Nauen 7 H
Naumburg 9 F PT
Naundorf 7 M
Nausdorf 3 L
Nebelin 3 L
*Neddenaverbergen 4 F PT
*Nedderohe 4 H
Nedlitz b. Magdeburg 6 L
Nedlitz i. Anhalt 6, 7 M EPT
Neeken 7 M
Neeritz 1 H
*Neerlage 6 A B
*Neermoor 3 B EPT
Neersen 7 F
Neerstedt 4 D PT
Neese 3 L
Neeten 6 E
*Neetze 3 J PT
*Negenbargen 2 C
Negenborn in Braunschweig 7 F G PT
*Negenborn b. Burgdorf i. H. 5 G
Negernbötel 1 H
Neheim 8 C EPT
Neindorf b. Quedlinburg 7 K
*Neindorf b. Fallersleben 6 J PT
Neinstedt 8 K EPT
Nellinghof 5 C D
*Nemden 6 D
*Nemitz 4 K
*Nenndorf, Ostfriesl., 3 B
*Nenndorf b. Harburg 2, 3 G
*Nenndorf b. Stolzenau 5 E PT
Nenndorf, Bad, 6 F EPT
Neperstorf 1 L
Nesow 1 K
*Nesse bei Geestemünde 2 E PT
*Nesse 2 B PT
*Nessel-Berg, der, 6 G
*Nesselröden 8 H PT
*Nesserland 2, 3 B T
*Neßmersiel 2 B P
*Nette 7 H
*Nettelkamp 4 J
*Nettelrede 6 F
Nettgau 5 J
*Nettlingen 6 H PT
Netze 9 F PT
Netzow 4 M
*Neu-Arenberg 4 C
Neu-Astenberg 9 D P
Neu-Bertkau 4, 5 L
*Neubörger, Col., 4 B
*Neu-Bokeln 5 H J
Neu-Brenz 2 L
*Neu-Bruchhausen 4 E PT
Neu-Brüz 2 M
*Neuburg, Ostfriesl., 3 B
Neuburg b. Wismar 1 L PT
Neuburg b. Parchim 2 L
*Neu-Burlage 3 B
Neudeich 2 C
*Neudersum 4 B
*Neudörpen, Col., 4 B
*Neudorf P. Gifhorn 5 J E
Neudorf i. Mecklenburg 3 K
Neudorf i. Westfalen 8 E
Neudorf a. Harz 8 K PT
*Neuefehn 3 B
*Neuehütte 7, 8 J
Neuenbeken 8 E EPT
Neuenbrok i. Oldenburg 3 D PT
Neuenbrook in Holstein 1 F PT
*Neuen-Bülstedt 3 F
Neuenburg 2 C EPT
Neuende 2 D
Neuendeich i. Holstein 2 G
Neuendeich b. Marne 1 E
Neuendorf, Kloster, 5 K L
Neuendorf bei Heiligenstadt 8 H
Neuendorf in Holstein 1 G PT
Neuendorf b. Bützow 1 L
Neuendorf b. Wismar 1 L
Neuendorf am Damm 5 K L PT
*Neuenfelde b. Jork 2 G PT
Neuenfelde b. Elsfleth 3 D
Neuengamme 2 H PT
Neuen-Gesecke 8 D PT
Neuenhagen 1 J
*Neuenhaus 5 A EPT
Neuenheerse 8 E PT
Neuenhofe 6 L
Neuen-Huntorf 3 D
*Neuenkirchen bei Melle 6 D PT
Neuenkirchen bei Rheine 6 B EPT
*Neuenkirchen b. Bramsche 5 C PT
Neuenkirchen i. Oldenbg. 5 C PT
*Neuenkirchen b. Sulingen 4 E PT

*Neuenkirchen b. Soltau 4 G PT
*Neuenkirchen b. Blumenthal 3 D PT
*Neuenkirchen b. Hornebg. 2 G
*Neuenkirchen b. Hadeln 1 E PT
Neuenkirchen i. Holstein 1 F
*Neuenkirchen b. Salzgitter 7 H J
Neuenkirchen b. Minden i. W. 7 D PT
Neuenknick 5 E F
Neuenkoop 3 D E
Neuenkrug 3 D
*Neuenländer Moor 4 E
Neuenlande 2 D
*Neuenmarhorst 4 D E
Neuenrade 9 E PT
*Neuenwalde 2 E
Neuenwege b. Oldenburg 3 D E
Neuenwege b. Varel 3 D
*Neue-Piccardie 5 A
Neuermark 5 M
Neu-Ferchau 5 K
*Neufunnixsiel 2 C
*Neu-Garge 3 J PT
Neugattersleben 7 L EPT
*Neugraben 2 G EPT
Neuhaldensleben 6 K EPT
*Neu-Harlingersiel 1 C PT
*Neuhaus a. d. Elbe 3 J PT
Neuhaus i. Westf. 8 E PT
Neuhaus bei Sangershausen 8 K
*Neuhaus a. d. Oste 1 E F EPT
Neuhausen b. Putlitz 3 L
Neuhausen b. Kölleda 9 K
*Neuhof b. Bockenem 7 G H
Neuhof b. Sachsa 8 J
*Neuhof b. Scharzfeld 8 H J
Neu-Karin 1 L
Neukirchen i. Waldeck 9 E
Neukirchen b. Seehausen 4 L PT
Neukirchen b. Zarrentin 2 J K
Neukirchen b. Bützow 1 L
Neu-Klitsche 5 M
Neukloster i. Mecklenburg 1 L EPT
*Neukloster b. Stade 2 G EPT
Neu-Königsborn 6 L
Neu-Krenzlin 3 K
Neu-Krüssow 3 M
*Neuland P. Wischhafen 1 F
*Neuland, Ostfriesl., 2 B
*Neulehe 4 B
*Neu-Lorup 4 C
Neu-Markhausen 4 C
Neu-Mellrich 8 D
Neundorf 7 L PT
Neunheilingen 9 J
Neu-Platendorf 8 K
*Neurhede, Col., 4 B
*Neu-Ringe 5 A
*Neu-Sanct-Jürgen 3 E
Neuscharrel 4 C
*Neu-Schoo, Col., 2 B
*Neustadt P. Wagenfeld 5 E
Neustadt a. d. Dosse 4 M EPT
Neustadt in Oldenbg. 3 D
Neustadt i. Mecklenburg 2 L EPT
Neustadt (Harzburg) 7 J EPT
*Neustadt b. Ilfeld 8 J PT
Neustadt b. Bleicherode 8 H J
*Neustadt-Gödens, Ostfriesland, 2 C PT
Neustadt-Magdeburg 6 L EPT
*Neustadt a. Rübenberge 5 F EPT
*Neusustrum 4 B
*Neuveerßen, Col., 5 A B
*Neu-Brees 4 C
*Neu-Warmbüchen 5 G
Neuwegersleben 7 K EPT
Neuwerk i. Braunschweig 8 J
Neuwerk, Insel, 1 D
Neu-Zachun 2 K
Nevern 1 L
Neversdorf 1 H
Nichtern 7 A
Nichtinghausen 9 D
Nicolasrieth 9 K
Nieder-Alme 8 E
Niederberge 9 C D
Nieder-Bergheim 8 D
Nieder-Bergstraße 8 C
Nieder-Blockland 3 E
Nieder-Börnecke 7 L
Nieder-Bösa 9 K
Nieder-Brochterbeck 6 C
Niederbrunninghausen 9 B C
Nieder-Dahlum 6 J
Niederdorf 5 B
Nieder-Dorla 9 H
Nieder-Dünzebach 9 H
Niedereimer 9 C
Nieder-Elsungen 9 F
Nieder-Ense 9 E PT
Nieder-Fleckenberg 9 D EPT
*Niedergandern 9 G
Nieder-Gebra 9 J EPT
Niedergörne 4, 5 M
*Nieder-Haverbeck 3 G
Nieder-Helden 9 E
Nieder-Hemer 9 C
*Nieder-Holsten 6 D
Niederhone 9 G EPT
Niederjesa 8 G
Nieder-Kaufungen 9 G EPT
*Niederlangen 4 B
Nieder-Lepte 7 M
Nieder-Listingen 8 F
Nieder-Marsberg 8 E EPT
*Niedermarschacht 2 H
Niedermeiser 8 F PT
Niedern-Dodeleben 6 L EPT
*Nieder-Ochtenhausen 2 F
Nieder-Ösbern 8 C
Niederorke 9 E
Nieder-Orschel 8 H
Nieder-Rühlingen 9 K
*Nieder-Sachswerfen 8 J EPT
Nieder-Salwey 9 C
Nieder-Schleidern 9 E
Nieder-Schönhagen 7 E
Nieder-Seeste 6 C
Niedersfeld 9 D PT
Nieder-Sickte 6 J
Nieder-Sorpe 9 D
Nieder-Spier 9 J
Nieder-Topfstedt 9 K
Nieder-Tudorf 8 E
Nieder-Vellmar 8 F
Nieder-Volkmarshausen 8, 9 G
Nieder-Vorschütz 9 F
Niederwerba 9 E
Nieder-Wüsten 6, 7 E
Nieder-Zwehren 9 F EPT
Nieglewe 1 M
Niegripp 6 L PT
Nieheim 7 E F PT
Nieholt 4 C
Nielebock 5 M PT
Niemerlang 3 M
Nienberge 7 B EPT
Nienborg 6 A PT
*Nienburg a. Weser 5 F EPT
Nienburg a. Saale 7 L EPT
Niendorf b. Oebisfelde 5 K
Niendorf b. Neustadt in Mecklenburg 3 K
*Niendorf P. Gartow 4 K L
Niendorf b. Boizenburg 3 J PT
Niendorf b. Pinneberg 2 G PT
Niendorf i. Lübeck'schen 2 J PT
Niendorf b. Reinfeld 1 H
Niendorf b. Segeberg 1 H
Niendorf b. Travemünde 1 J PT
Niendorf b. Lübeck 1 J EPT
*Nienhagen b. Celle 5 H PT
*Nienhagen bei Fallingbostel 5 F G
Nienhagen b. Halberstadt 7 K EPT
Nienhagen i. Lippe 7 E E
*Nienhagen b. Münden 9 G
*Nienhaus 3, 4 B
*Nienhof 5 H
Niens 2 D
Nienstädt b. Stadthagen 6 F
*Nienstedt b. Eimbeckhaus. 6 F
*Nienstedt P. Gittelde 8 H
Nienstedten 2 G PT
Nienwohld 1 H
*Nienwohlde 4 J
Niese 7 F
Niesen 8 F
Nieste 9 G
Nieuw Beerta 3 B
Nieuw Buinen 4 A
Nieuwe Pekela 3 A
Nieuweschans 3 B
Nieuweschans (Langacker) 3 A B
Nieuwolda 3 A
Nieuw Scheemda 3 A
Nieuw Schoonebeek 5 A
*Niewedde 5, 6 D
*Nincop 2 G
Nindorf, 2 F
*Nindorf P. Moisburg 2 G
*Nindorf P. Lamstedt 4 F G
*Nindorf P. Hanstedt 3 G H
*Nindorf P. Garstedt 3 J
*Nindorf P. Bergen b. Celle 4 G
Nitzahne 5 M
Nitzow 4 M EPT
*Nöpke 5 F
Nörde 8 E
*Nörten 8 G EPT
Nöschenrode 7 J
*Növenthien 4 J
Nohra 9 J
Noordbarge 4 A
Noordbroek 3 A
Noord Sleen 4 A
*Nordahn 2 E F
Nord-Baake 1 D
Nordbögge 8 C
Nordborchen 8 E
*Nordburg 5 H
*Nordcampen 4 F
*Norddeich 2 B EPT
Nord-Dinker 8 C
*Norddrebber 5 F G
*Nord-Dunum 2 C
*Nordel 5 E
*Norden 2 B EPT
Nordenau 9 D
Nordenbeck 9 E PT
Nordenholz 3 D
Norder Frischemoor 2, 3 D
Norder Gatt 1 D E
Norder Gründe 1 E
*Norderney 1 B PT
Norder Platte 1 E
Norderschwepburg 2 D
*Nord-Georgs-Fehn 3 C
*Nordhausen P. Ostercappeln 6 D
Nordhausen, Provinz Sachsen, 8 J EPT
Nordhausen b. Kassel 9 F
Nordhelle 9 C
Nordhemmern 6 E
Nordherringen 8 C
*Nordholz b. Lehe 1 E
*Nordholz P. Bücken 4 F
*Nordhorn 5 A EPT
Nordhusen 1 E
Nordick 7 A
Nord-Kirchen 8 B PT
*Nordleda 1 E PT
Nordloh 3 C
*Nordlohne 5 B
Nordlohne i. Oldenburg 5 D
*Nordsode 3 E
Nordsteimke 6 J
*Nordstemmen 6 G EPT
Nordvelen 7 A
Nordwalde 6 B EPT
*Nordwohlde 4 E
*Northeim 8 G EPT
*Northum 1 E
*Nortmoor 3 B EPT
*Nortrup 5 C EPT
Nossentin 2 M E
Nostorf 2 J
Nothfelden 9 F
*Nottensdorf 2 G
Nottuln 7 B PT
Nütteln 1 F

*Nüttermoor 3 B
Nuisick 7 A
Nusse 2 J PT
Nutha 7 M
Nuttel 3 D
Nutteln 5 E
Nutter 5 A
Nuttlar 9 D PT

Obendeich 1 F
Ober-Alme 8 E
Oberbauerschaft 6 C
Ober-Belle 7 E F
Oberberge b. Meschede 9 C D
Oberberge b. Tecklenburg 6 C
Ober-Berghausen 9 D
Ober-Bergstraße 8 C
Ober-Blockland 3 E
Ober-Börnecke 7 L
Ober-Böja 9 K
Ober-Bossebvrn 8 F
Ober-Brochterbeck 6 C
Oberbruninghausen 9 B C
Ober-Dahlum 6 J
Ober-Dehme 6 E
*Oberdorf b. Fürstenau 5 B
*Oberdorf-Moringen 8 G
Ober-Dorla 9 H PT
Ober-Dünzebach 9 H
Obereimer 9 C
Ober-Elspe 9 C PT
Ober-Elsungen 9 F E
Ober-Ense 9 E
Ober-Fleckenberg 9 D
*Oberg 6 H PT
Ober-Gebra 9 J PT
Oberhausen 3 D
*Ober-Haverbeck 3 G
Ober-Heldrungen 9 K P
Ober-Hemer 9 C
Oberhenneborn 9 D
*Ober-Holsten 6 D
Ober-Holzen 8 C
Ober-Jesa 8 G
Ober-Kaufungen 9 G EPT
Oberkirchen 9 D PT
*Oberlangen 4 B
Oberlethe 3 D
Ober-Listingen 8, 9 F PT
Ober-Marsberg 8 E
Ober-Mehlra 9 J
Obermeiser 8, 9 F
*Oberndorf 1 F PT
*Oberndorfmark 4 G
Oberneuland (Bremen) 3 E EPT
*Obernfeld 8 H PT
Obernkirchen 6 F PT
*Oberochtenhausen 2, 3 F
Ober-Ösbern 8 C
*Oberohe 4 H
Oberorke 9 E
Oberraden 8 B
Oberrieden 9 G EPT
Ober-Rodewald 5 F
Ober-Rühlingen 8 K
Ober-Ruploh 8 C D
Ober-Salwey 9 C
*Ober-Schulenberg 7 H
Obersdorf 8 K PT
Ober-Seeste 6 C
*Obershagen 5 H PT
Ober-Sickte 6 J
Ober-Spier 9 J
Ober-Topfstede 9 K
Ober-Tudorf 8 E
Ober-Vellmar 9 F
Ober-Volkmarshausen 8, 9 G
Ober-Vorschütz 9 F
Oberwarse 2 D
Oberwerba 9 E
Ober-Zwehren 9 F
Obstfeld 9 B
Ocholt 3 C EPT
*Ochsendorf 6 J
Ochsenwärder 2 H PT
*Ochtelbur 2 B
*Ochtersum 6 G
*Ochtmannsbruch 3 G
*Ochtmissen 3 H
Ochtrup 6 A EPT
Ochtum 3 E
*Ockenhausen, Col., 3 C
*Odagsen 7 G
*Odisheim 2 E PT
Odoorn 4 A
Öbisfelde 5 K EPT
Ödelsheim 8 G PT
*Ödelum 6 H
*Öderguaart 1 F PT
Öding 7 A PT
Ödingen 9 C PT
Ödinghausen 6 D E
*Ögenbostel 5 G
Ölber 6 H
Ölde 7 D EPT
Öle 6 A
*Ölerse 6 H
Ölinghausen 9 C
Öllrdorf 1 G
Ölper 6 J PT
*Öningen 4 G
Ör 8 B
*Örbke 4 G
*Örel 2 E F
Öring 1 H PT
Örlinghausen 7 E PT
*Örrel b. Soltau 4 H
*Örrel P. Hankensbüttel 5 J
*Örsdorf 2 F
*Örzen 3 H
Ösdorf 8 E
*Öse b. Bremervörde 2 E F
*Ösede 6 C PT
*Ösселse 6 G
Ösferwey 7 D
Östinghausen 8 C PT
Östrum 7 G
Öttelin 1 M
Öttmannshausen 9 H
Öventrop 9 D EPT
Över 4 A
Oeynhausen b. Nieheim 7 E F
Oeynhausen, Bad, 6 E EPT
Ofen 3 D
*Offen 4 G
*Offensen b. Uslar 8 G
*Offensen b. Celle 5 H
Offleben 6 K EPT
Offlum 6 B
*Ogenbargen 2 C PT
Ohe b. Friedrichsruh 2 H
*Ohe P. Harpstedt 4 D
*Ohe P. Celle 5 H
Ohle 9 C PT
Ohlen 3 H
Ohlen-Berg, der, 9 D
*Ohlenbüttel 2 G
*Ohlendorf b. Liebenburg 7 H
*Ohlendorf P. Siedenburg 5 E
*Ohlenschlen P. Uchte 5 E
*Ohlenstedt 3 E
*Ohne 6 B
*Ohof P. Meinersen 5 H
*Ohrdorf 5 J PT
*Ohrel b. Bremervörde 2 F
Ohrsleben 6 K PT
*Ohrtenmersch 5 B C
*Ohrum 6 J
Ohrwege 3 C
*Oiste 4 F PT
*Oitzen 4 J
*Okel 4 E PT
Oker 7 J PT
Oldersleben 9 K EPT
*Oldau 5 G
Oldenbrok 3 D EPT
*Oldenbüttel 3 E E
Oldenburg 3 D EPT
Oldendorf i. Hessen 6 F EPT
*Oldendorf b. Melle 6 D PT
Oldendorf, Preußisch, 6 D PT
*Oldendorf P. Hermannsburg 4 H
*Oldendorf b. Bleckede 3 J
*Oldendorf P. Amelinghausen 3 H
Oldendorf i. Oldenbg. 4 C
*Oldendorf (Aurich-Oldendorf), Ostfriesl., 3 C P
*Oldendorf b. Stade 2 F PT
*Oldendorf P. Stubben 3 E
*Oldendorf P. Hollenstedt 3 G
*Oldendorf P. Zeven 3 F
*Oldenstadt 4 J PT
Oldenzaal 6 A EP
*Oldershausen P. Winsen a. d. L. 3 H
*Oldershausen b. Gittelde 7 H
*Oldersum 3 B EPT
Oldesloe 1 H EPT
*Oldhorst 5 G
Oldinghausen 6 D E
Oldisleben 9 K PT
Oldorf 2 C PT
Olfen 8 B PT
*Olßen 3 G
Olpe 9 C D
Olsberg 9 D EPT
*Oltmannsfehn 3 C
Olvenstedt 6 L PT
Olxheim 7 G
Ondrup b. Dülmen i. W. 7 B
Ondrup b. Werne i. W. 8 B
Onstwedde 3, 4 A
Oostwold 3 A
Oostwolder Hamrik 3 A
Ootmarsum 5 A
*Oppeln 1 E
Oppendorf 5 D
Oppenwehe 5 D
Opperhausen 7 G H
Oppershausen b. Mühlhausen 9 H
*Oppershausen b. Celle 5 H
Orlishausen 9 K PT
Orxhausen 7 G
Oschellen 7 A
Oschersleben 7 K EPT
Oster 8 C
Oslebshausen 3 E
*Osloß 5 J
Osmarsleben 7 L
*Osnabrück 6 C EPT
Osning, der, 7 D E
*Ossenbeck P. Diepholz 5 D
Ossenbeck i. Westf. 7 C
Ossendorf 8 F PT
Ostberg 7 D
*Ostdorf 1, 2 A
*Ostedt 4 J
*Osteel 2 B E
*Osten 2 F EPT
*Ostende 1 B
*Ostendorf b. Bremervörde 2 F
Ostendorf i. Westf. 6 B
*Ostenfelde P. Iburg 6 C
Ostenfelde i. Westf. 7 C PT
*Ostenholz 4 G
Ostenland 7 E
*Ostenwalde 4 B
*Osterbruch 1 E PT
Osterburg 4 L EPT
*Ostercappeln 6 D EPT
*Osterehlbeck 3 H
*Ostereistedt 3 F
Oster-Ems 2 A
Osterfeine 5 D
*Osterhagen 8 H J EPT
Osterhollwede 5, 6 D
*Osterholz-Scharmbeck 3 E EPT
*Osterholz P. Syke 4 E
Osterhorn 1 G
Oster-Horst u. Walt 6 B
*Oster-Ihlienworth 1 E
Osterlindern 4 C
Osterloh b. Friesoythe, 4 C
*Osterloh P. Essern 5 E
*Osterloh P. Wienhaus. 5 H
*Oster-Moor 2 B
Osternburg 3 D E
Osterniesland 2 A
*Oster-Nienburg 7 M
*Osterode a. Harz 8 H EPT
Osterode b. Osterwiek 7 J
Osteroden 5 C
*Oster-Sander 2 B
Osterscheps 3 C
*Ostersode 3 E
*Ostervesede 3 G
*Osterwald (Bentheim) 5 A
Osterwald i. Westf. 9 D
*Osterwald b. Wunstorf 5 G PT
*Osterwald b. Hameln 6 G EPT
*Osterwanna 1 E PT
*Osterwede 3 G
Osterwick (Westf.) 7 A B PT
Osterwieck (Harz) 7 J EPT
Osterwohl 4 K
Ost-Großefehn 2 C
Ostharingen 7 H
Ostheeren 5 L PT

Ostheim 8 F
Osthevern 7 C
Osthusen 8 D
Ostinghausen 8 D
Ost-Kilver 6 D
*Ostland-Borkum 2 A
Ostmitte 7 C
Ostmoorsee 2 D
*Ost-Ochtersum 2 B
Ost-Önnen 8 E EPT
Ostrittrum 4 D
Oststeinbeck 2 H
Oterdum 3 A
*Otersen 4 F
*Othfresen 7 H EPT
Otjendorf 2 H
Ottbergen i. Westf. 8 F EPT
*Ottbergen b. Hildesh. 6 H
*Ottendorf 2 F
Ottenhausen b. Weißensee 9 K
Ottenhausen i. Westf. 7 E
*Ottensen P. Buxtehude 2 G
Ottensen b. Altona 2 G PT
Ottenstein i. Braunschweig 7 F PT
Ottenstein i. Westfalen 6 A PT
*Otter 3 G
*Otterndorf 1 E EPT
*Otternhagen 5 F G
*Ottersberg 3 F EPT
*Otterstedt 3 F PT
*Otterstein 3 E
*Ottingen 4 G
Ottleben 6, 7 K PT
Ottmarsbocholt 7 B PT
*Otze 5 G
Oude Pekela 3 A
Oude Schans 3 B
Ovelgönne i. Oldenburg 3 D EPT
*Ovelgönne P. Buxtehude 2 G
Ovenhausen 7 F PT
Ovenstädt 5, 6 E PT
Overbeck 6 E
Overberg 8 B C
Over-Dinkel 6 A
*Overhagen 8 D
*Overstedt 4 J
Oxte 1 E
*Oyle 5 F
*Oyten 3, 4 E PT
*Oyterdamm 3, 4 E
Oythe 4 D

Paarsch 2 L
Pabstorf 7 J K PT
Padberg 9 E
*Paddewisch 3 E
Paderborn 8 E EPT
*Padingbüttel 1, 2 D
Päpinghausen 6 E
*Päpsen 5 E
*Päse 5 H
Pakens 2 C
Pampin 3 L
Pampow 2 K
*Pannecke 4 K
Pansdorf 1 J EPT
Pansfelde 8 K PT
Panten 2 J
Papenbruck 3 M

*Papenburg 3 B EPT
Paplitz 6 M PT
Parber 1 K
Parchau 6 L PT
Parchen 6 M PT
Parchim 2 L EPT
Parey b. Genthin 6 M PT
Parey i. Brandenbg. 5 M
Parsau 5 J PT
Parum b. Bützow 1 M
Parum b. Schwerin 2 K
Paschleben 7 L M
Pasel 9 C
Passee 1 L PT
Passin 1 L M
Passow b. Lübz 2 M EPT
Passow b. Gadebusch 1 K
*Pattensen im Lüneburgischen 3 H PT
*Pattensen a. d. Leine 6 G PT
Patzetz 7 L M
Pechau 6 L PT
Peckatel 2 L
Peckeloh 7 E D
Peckelsheim 8 E F PT
Peckensen 4 J
Peckfitz 5 K
Peddenberg 8 A EPT
*Pedingworth 1 E
Peertz 5 K
*Pegestorf 7 F
Peheim 4 E
Pehme 6 E
*Peine 6 H EPT
Peißen 1 G
Pelkeum 8 B
Pelkum 8 C PT
Penigsdorf 6 M PT
*Pennigbüttel 3 E
*Pennigsehl 5 E
*Pente 6 C
Penzin b. Brüel 1 L
Penzin b. Bützow 1 L
Perdöhl 2 K
Perleberg 3 L EPT
Perlin 2 K PT
Pernick 1 L
Perver 4 K PT
Pesekendorf 7 K
*Petersdorf 8 J
Petersfeld, Col., 4 C
Petershagen 6 E PT
*Petkum 3 B EPT
Petzen 6 E
Peulingen 5 L
*Pevestorf 3, 4 K
*Pewsum 2 A PT
*Pfalzdorf 2 B
Picher 3 K PT
*Pies-Berg, der, 6 C
Pietzpuhl 6 L
*Pilsum 2 A
Pinneberg 2 G EPT
Pinnow, Prov. Brandenburg, 3 L
Pinnow b. Krivitz 2 L
Pißdorf 7 M PT
Plaaz 1 M EPT
*Plaggenburg 2 B
*Plaggenschale 5 C
*Plankorth 5 B
*Plantlünne 5 B
Plate i. Mecklenburg 2 K L EPT
*Plate b. Lüchow 4 K
*Platendorf 5 J

Plathe 4 K L
Plattenburg 4 M
Plau 2 M EPT
Plauershagen 2 M
Plauer See 2 M
Plettenberg 9 C EPT
*Plönjeshausen 2 F
Plötzky 7 L PT
Plüschow 1 K
*Pöhlde 8 H PT
Poel 1 K
Pölitz 1 H PT
Pömbsen 7 E F
Pötenitz 1 J
Pötnitz 7 M
Pötrau 2 J
Pogeez 1 J
Poggensand 2 F
*Poghausen 3 C
*Pohle 6 F
Pokrent 2 K
*Polau 4 J
Polenzko 7 M
Polez 7 L
Polkau 4 L
Polkern 4 L
Polle a. d. Weser 7 F PT
Pollhagen 6 F PT
*Pollhöfen 5 H
Polßitz 4 L PT
Polsum 8 A PT
Polstnitz 3 L
Polvitz 5 K L
Polz 3 K EP
Poppau 5 K
Poppenbüttel 2 H PT
Poppenhagen 5 F
Porep 3 M
Poritz 5 L PT
Porst 7 M PT
Porta Westfalica 6 E EPT
Possen 9 J
*Posthausen 3, 4 F
Postlin 3 L
Potenhausen 7 E
*Potshausen 3 C
*Pottholtensen 6 G
Potzehne 5 K
Preodohl 3 M
*Predöhl 4 K
Premnitz 5 M P
Premslin 3 L
Presek 2 K
Prester 6 L PT
Presun 2 L
*Preten 3 J PT
Pretzien a. d. Elbe 7 L PT
*Prezelle 4 K
*Prezier 4 K
Priemer Burg 1 M
Prietzen 4 M
*Prisser 3 K
Pritzier 2, 3 K EPT
Pritzwalk 3 M EPT
Probsthagen 6 F
Pröbsting 7 A
Prödel 7 M EPT
Pröttlin 3 L
Pronstorf 1 H PT
Prosekèn 1 K PT
Prützen 1 M
*Püggen 4 K
Püttelkow 2 K PT
Pützlingen 8 J
Pulspforda 7 M
Pustleben 8 J EPT

Putlitz 3 M EPT
Pyrmont 7 F EPT
Pyrmonter Berg 7 F

*Quakenbrück 5 C EPT
Qualitz 1 L
Quantwick 7 A
Quarnebeck 5 K
*Quarrendorf 3 H
Quasset 3 K PT
Quast 7 M
Quedlinburg 7 K EPT
*Quellhorn 3 F PT
Quellendorf 7 M EPT
*Quendorf 6 A B
Querenhorst 6 J K PT
Quernheim 6 E PT
Questenberg 8 K
Quetzen 6 E
Quetzin 2 M
Quickborn i. Holstein 1 G EPT
Quickborn b. Dannenberg a. E. 3 K PT
Quitzöbel 4 M PT
Quitzow 3 L

Raade 1 G
*Rabber 6 D PT
Rabe 4 M
Rabelinghausen 8 E
Rabensdorf 1 J
*Raddestorf 5 E
Raddingsdorf 1 J
Rade i. Holstein 1 H
*Rade P. Aschwarden 3 D PT
*Rade P. Wittingen 4, 5 J
Radeborn 7, 8 K
*Radegast 3 J PT
Rademisk 5 A
Rademin 4 K
Raden i. Holstein 1 G
Raden i. Mecklenbg. 1 M
*Radenbeck 5 J PT
Raderhorst 6 E F
Radisleben 7, 8 K PT
Raduhn 2 L
Räbel 4 M PT
Räbke 6 J PT
*Räderloh 5 H
Raesfeld 7 A PT
Raestrup 7 C ET
*Rätzlingen 4 J PT
Rätzlingen bei Öbisfelde 5, 6 K PT
Ragösen 7 M
Rahden 5 D E PT
*Rahe 2 B
Rambeel 1 K
Rambow b. Lenzen 3 L
Rambow b. Perlebg. 4 M
*Ramelsloh 3 G H PT
*Ramlingen 5 G
Ramsbeck 9 D PT
Ramsberg 6 A B
Ramsdorf 7 A PT
Ramsloh 3 C PT
Ramstedt 6 L
Randau 7 L PT
Randzel, der, 2 A
Ranies 7 L M PT
Rankendorf 1 K
Rannenberg 6 F
Rapshagen 3 M
Rarbach 9 D
Rassenhövel 8 D

*Rastdorf 4 E
Rastede 3 D EPT
Rathenow 5 M EPT
*Rathlosen 5 E
Rathmannsdorf 7 L PT
Rattau 1 J
Rattlar 9 E
Raum 7 A
Ratzeburg 1, 2 J EPT
Ratzeburger See, der, 1, 2 J
*Rautenberg 6 G H
*Rautendorf 3 E
Rautheim 6 J
*Raven 3 H
Ravensberg, der, 8 J
Ravensburg 6, 7 D
Ravensruh 1 L
Raxhausen 3 E
*Rebberlah 4, 5 H
*Rebenstorf 4 K
*Rechtenfleth 2 D PT
Rechterfeld 4 D
Recke 6 C PT
Reckelsum 8 B
Reckenthin 8 M
Reckenzien 8 L
Recklinghausen 8 A EPT
Recknitz 1 M
*Reckum 4 D
Reddeber 7 J
Reddelin 8 M
*Redderse 6 F G
Redefin 8 K PT
Redekin 5 M PT
*Reden 6 G
Redentin, Hof 1 K
Redentin, Dorf 1 K
Reelkirchen 7 E F
Reelsen 7, 8 E
*Reepsholt 2 C PT
*Reerßen 4 E
Reeßen 6 L M
*Reeßum 3 F
Reetz b. Pritzwalk 3 L PT
Reetz b. Ziesar 6 M
Regenstein 7 J K PT
*Regesbostel 3 G
*Rehberg, der, 7, 8 H J
Rehberg 4, 5 M
*Rehburg 5 F EPT
*Rehburger Berge, die, 5 F
*Rehden 5 D PT
*Reher 7 F
*Rehlingen 3 H
Rehna 1 K EPT
*Rehrhof 3 H
Reichensachsen 9 G H PT
Reiershausen 8 G H
*Reiffenhausen 9 G
*Reimerdingen 4 G
Reinbeck 2 H EPT
*Reinerbeck 7 F
Reinfeld 1 H EPT
Reinhagen 1 M
Reinhardswald, der, 8 F G
*Reinhausen 8 G PT
*Reiningen 4 G H
Reinsdorf 9 K EPT
*Reinsehlen, 3 G
Reinshaus 3 C
Reinstedt 7 K EPT
Reinstorf i. Mecklenburg 1 L
*Reinstorf P. Bodenteich 4 J
*Reinstorf P. Lüneburg 8 J
Reiser 9 J
Reiste 9 D PT
*Reith 2 F
Rekken 6 A
*Rekum 3 D PT
Relliehausen 9 J
Remblinghausen 9 D PT
*Remels 3 C PT
Remighausen 7 E
Remkersleben 6, 7 K
Remlingen 6 J
*Remsede 6 C
Rengershausen 9 F
Rengerslage 4 L PT
*Rennau 6 J
Rensefeld 1 J
*Renshausen 8 H
*Renslage 5 C
Renzel 1 G
*Repke 5 H J
Reppbode 8 J
Reppichau 7 M
Reppinichen 6 M
Reppner 6 H
Reselage 5 D
*Restorf 4 K
Retgendorf 1 L
*Rethem a. Aller 4 F PT
*Rethen b. Gifhorn 6 H
*Rethen 6 G EPT
*Rethmar 6 G H
Rethwisch i. Mecklenburg 1 K
Rethwisch i. Holstein 1 G
Rethwischdorf 1 H
Retterode 9 G
Rettgenstedt 9 K
Retzen 7 E
Retzin 3 M PT
Retzow 2 M PT
Reuden 6 M EPT
Reulum 5 A
*Revenahe 2 F G
Rhade i. Westfalen 7 A EPT
*Rhade b. Zeven 3 F PT
*Rhadereistedt 3 F PT
Rhadern 9 E PT
*Rhaude 3 B
Rheda 7 D EPT
*Rhede 3 B PT
*Rheden 7 G
Rheder 8 F
Rheine 6 B EPT
Rhena 9 E PT
*Rhene 6, 7 H
Rhinow 4 M PT
Rhoden 8 E
*Rhumspringe 8 H PT
Rhynern 8 C EPT
Ribbensdorf 6 K
*Ribbesbüttel 5 H J
Rickling 1 H EPT
*Ricklingen b. Neustadt a. R. 5 F
*Ricklingen 6 G PT
Riddagshausen 6 J PT
*Ridderade 4 E
Ridders 1 G
Riddershausen 8 H
Riebau 4 K
*Riebrau 3 J
*Rieda b. Verden 4 F
*Riede b. Syke 4 E PT
Riede b. Kassel 9 F PT
Rieder 8 K EPT
*Riefensbeck 8 H
*Riekenbostel 4 F
Riemke 9 C
*Riemsloh 6 D PT
*Riepe b. Rotenburg 3 G
*Riepe b. Soltau 4 G
*Riepe, Ostfriesland 2 B PT
Riesch 2 G
Rieseberg 6 J
Riesenbeck 6 B PT
Riessen 5 E
*Rieste 3 H
*Riestedt 4 J
Rietberg 7 D PT
Rieth 7 C
Rietzel 6 M
Rinddorf 5 L M
Rinderhagen 4 D
Ringel 6 C
*Ringelheim 7 H EPT
Ringelsdorf 6 M
Ringfurth 6 L
Ringleben 9 K PT
*Ringstedt 2 E PT
Rinkboke 8 D E
Rinkerode 7 B C EPT
Rinkscheid 9 C
Rinteln 6 E F EPT
Rippelbaum 7 C
*Rispel 2 C
*Rispeler-Hellmt, Col. 2 C
Ristedt b. Klötze 5 K
*Ristedt P. Syke 4 E
*Ritsch 2 F
*Ritscher Moor 2 F
Ritteburg 9 K
*Ritterhude 3 E EPT
Rittierode 7 G
*Rittmarshausen 8 H E
Ritzebüttel 1 E
Robins Balje 1 D
Rochau 5 L PT
Rocken 9 J
Rockstedt 3 F
Roclum 7 J P
Roddahn bei Havelberg 4 M
Roddahn b. Kyritz 4 M
Rodenberg 6 F PT
Rodenkirchen 2 D EPT
Rodersdorf 7 K
Rodishayn 8 J K
Rodleben 7 M
*Röddensen 5 G
Rödemühlen 5 D E
*Rödenbeck 4, 5 D
Rödinghausen 6 D PT
Röhnstedt 9 J
Röhrenfurth 9 G
*Röhrsen 4 J
*Römstedt 3 J PT
Rönkhausen 9 C
Rönnebeck (Altmark) 4 L PT
Röpke 5 C
Rösebeck 8 F
Rösenbeck 9 E
*Rössing 6 G PT
*Rötgesbüttel 5, 6 H J EPT
Rogäsen 6 M PT
Rogätz 6 L EPT
Rogeez 2 M
Roggendorf 2 K PT
*Roggenstede 2 B E
Roggenstorf 1 K PT
Rohlsdorf bei Perleberg 2 M E
Rohlsdorf bei Pritzwalk 3 M
Rohrberg 5 K PT
*Rohrsen bei Nienburg a. W. 5 F EPT
*Rohrsen P. Hameln 6 F
*Rohstorf 3 J
Roldisleben 9 K
Rolfzen 7 F
*Rollshausen 8 H EPT
Rom 2 L EPT
*Ronnenberg 6 G EPT
Roode School 2 A
*Rorichmoor 3 B
*Rorichum 3 B
Rorup 7 B PT
*Rosche 4 J PT
*Rosdorf 8 G EPT
*Rosebruch 4 F G
Roseburg 2 J EPT
Rosefeld 7 M
Rosenhagen 6 F
Rosenow 2 K
*Rosenthal 6 H
*Rosenweide 2 H
Rosenwinkel 8 M
Rosian 6 M P
Rosmard 9 C
Rosperwenda 8 K
Roßbach 9 G PT
Roßdorf 5 M PT
Roßla 8 K EPT
Roßlau 7 M EPT
Rossum 6 A
Rostrup 3 C
Roswinkel 4 A
*Roten Berg, der, 8 H
*Rotenburg 3 F EPT
*Rotenkirchen 7 G
Rotha b. Wippra 8 K
Rotha b. Kassel 9 F
*Rothehütte 8 J EPT
Rothenberge 6 B
*Rothenfelde 6 C D EPT
Rothensee 6 L
*Rothensütte 8 J
Rothenuffeln 6 E PT
Rother Sand 1 D
Rothspalk 1 M
Rottensdorf 1 J
Rottinghausen 5 D
Rottleben 9 K PT
Rottleberode 8 J K EPT
Rottmersdorf 7 K
*Rottorf 6 J K
Rottstock 6 M
Rorel 7 B PT
Rorförde 5 K
Ruchow 1 L M
Rübeland 8 J EPT
*Rübke 2 G
Rühen 5 J PT
Rühle b. Eichershausen 7 F G PT
*Rühle P. Meppen 5 B
*Ruhlertwist, Col. 5 A
Ruhn 1 L
Rühstädt 4 L PT
Rüningen 6 H J EPT
*Rüper 6 H
Rüschendorf 5 D
*Rüsfort 5 C
*Rüspel 3 F
*Rüssel 5 C
*Rüssen 4 D
Rüst 2 L
Rüstringer Siel 2 D

Rüstungen 9 H
*Rütenbrock 4 A B PT
Rüthen 8 D PT
Rugensee 1 K
Ruhner Berg 3 L
Ruinen 8 G
*Rulle 6 C
Rumbeck 9 C
Runstedt 6 J K PT
*Ruschwedel 2 G
*Ruthe 6 G
Ruthenbeck 2 L
Ruttel 2 C
*Rysum 2 A PT

Saal-Berg 7 F
Saalfeld 4 K
Saalsdorf 6 K
Sababurg 8 F G
Sabel 1 M
Sachau 5 K
Sachsa 8 J EPT
Sachsenburg 9 K
Sachsendorf 8 C D
Sachsenhagen 6 F PT
Sachsenhausen 9 E PT
Sachsenwald 2 H
*Sack 7 G
*Sackwald, der, 7 G
Sadenbeck 3 M PT
*Sadersdorf 2 F
Sände 2 E
Saerbeck 6 C PT
Sagast 3 L M
Sage 4 D
Sahlenburg 1 E
Sahms 2 J
Salbke 6, 7 L
Salchau 4 L
Salder 6 H EPT
Salem 2 J
Salfeld 1 H
Salza 8 J PT
*Salzbergen 6 B EPT
*Salzderhelden 7 G EPT
*Salzdetfurth 7 G PT
*Salzgitter 7 H EPT
*Salzhausen 3 H PT
*Salzhemmendorf 7 F G EPT
Salzkotten 8 E EPT
Salzuflen 6, 7 E EPT
Salzwedel 7 K EPT
Samberg 6 B
Sambleben 6 J
*Samern 6 B
Samswegen 6 L PT
*Sanct Andreasberg 8 H J EPT
*Sanct Annen b. Riemsloh 6 D PT
Sanct Annen i. Holland 3 A
*Sanct Dionys 3 H
Sanct Georg b. Hamburg 2 G H EPT
*Sanct Georgswold 3 B
*Sanct Hülfe 5 D
*Sanct Joost 2 E
Sanct Jost 2 C
*Sanct Jürgen 3 E
*Sanct Jürgensland 3 E
Sanct Kappel 8 D
Sanct Margarethen 1 F EPT
Sanct Michaelisdonn 1 F EPT

Sanct Vit 7 D
Sand 9 F
Sandau 4 M PT
Sandbochum 8 B C
Sandbeiendorf 5, 6 L
*Sandbostel 2 F
*Sandbrink 5 D
Sande 2 H
Sandebeck 7 E
Sandel 2 E
Sandersfeld 3 D
Sandershausen 9 G
Sanderoneben 2 H PT
Sandfeld i. Mecklenbg. 2 J
Sandfeld i. Oldenburg 3 D
Sandfort 8 B
Sandhatten 4 D
*Sandhorst 2 B
*Sandkamp 5 J
Sandrup 7 B
*Sandstedt 3 D PT
Sangen-Berg, der, 7 H
Sangerhausen 8 K EPT
Sanne 5 L M
Sannum 4 D
Santow 1 K
*Sapelloh 5, 6 E
Sappeneer 3 A
*Sarchem 3 K
Sargleben 3 L
Sargstedt 7 K P
Sarkwitz 1 J
Sarmstorf 1 M
Sarnow 3 M E
*Sarstedt 6 G EPT
Sassel 2 H
Sassenberg 7 C PT
*Sassenholz 3 F
*Satemin 4 K
Satow b. Plau 2 M
Satow b. Neu-Buckow 1 L PT
Satwelle 6 K
*Sauberge, die, 7 H
Sauerland, das, 9 C D
Saulhausen 9 D
*Saupark 6 G PT
Schaaken 9 E
Schaapsen 4 E
Schachtebich 9 H
Schachtrup 8 C D
Schackendorf 1 H
Schadeleben 7 K L PT
Schadewohl 4 J
*Schäkeln 5 E
Schärsdorf 1 J
*Schätzendorf 3 H
*Schafwedel 4 J
Schale 5 B C PT
Schalke 7 H EPT
Schallenburg 9 K
Schallis 2 J
Schall-See 2 J
*Schamerloh 5 E
Schandelah 6 J EPT
*Schandorf 5 C
*Schanzendorf 4 F
Schapdetten 7 B
*Schapen 5, 6 B PT
Scharbeutz 1 J PT
Scharbow 2 K
Scharfenberg 9 D
Scharfoldendorf 7 G PT
Scharhörn 1 D
Scharlibbe 5 M
*Scharmbeck i. Lüneburgischen 3 H

*Scharmbeck b. Bremen 3 E EPT
Scharmede 8 E
*Scharnebeck 3 H J PT
*Scharnhorst 4, 5 H
Scharrel b. Friesoythe 3 C
Scharrel b. Oldenbg. 3 C D
*Scharrel b. Soltau 3 G
*Scharrel b. Neustadt a. R. 5 G
*Scharringhausen 5 E
Schartau b. Stendal 5 L
Schartau b. Burg 6 L
*Scharzfeld 8 H EPT
Schattin 1 J
Schauen 7 J
Schaumburg, die, 6 F
*Scheden 8 G
Scheenda 3 A
*Scheerhorn 5 A
*Scheeßel 3 F EPT
Scheidingen 8 C
*Schellerten 6 H PT
Scheppau 6 J
*Schepsdorf 5 B
Schera 7 M
Scherfede 8 E EPT
Schermbeck 8 A EPT
Schermburg 9 J
Schermen 6 L
Scherneke 7 K PT
Schierndorf 9 K
Scherneebeck 5 L
Schernikau 5 L
*Scheßinghausen 5 F
Schestedt 2 D
Scheuder 7 M
*Scheuen 5 H
*Schevelstein 6 F
Schieder 7 F EPT
Schielo 8 K
Schierau 7 M
Schieren 1 H
*Schierenhop 4 E
*Schierhorn 3 G
Schierke 7 J EPT
*Schiffdorf 2 E PT
*Schiffgraben, der, 2 F
Schild 3, 4 F
Schildwolde 3 A
Schillershagen 5 G
Schillesche 7 D
Schillingstedt 9 K
*Schinkel 6 C
*Schinna 5 F PT
Schinne 5 L PT
Schipbor 3 A
Schiphorst 1 H
Schire 7 C
Schirum 2 B
*Schladen 7 H J EPT
Schlagenthin 5 M PT
Schlag-Resdorf 1 J
Schlagsdorf 1 J PT
*Schlagte 4 J
Schlamersdorf 1 H PT
Schlangen 7 E PT
Schlanstedt 7 K PT
*Schlarpe 8 G
Schledehausen 6 D PT
*Schleeßel 3 F
Schleibnitz 6, 7 L
*Schleper 5 B
*Schleptrup 6 C
*Schletau 4 K
Schlewecke b. Derneburg 7 H EPT

Schlewecke (Harzburg) 7 J EPT
Schlickberg 2 G
Schlicksdorf 4 L
*Schliekau 4 J
*Schliekum 6 G
Schlieven 2 L
*Schling-Berg, der, 4 G
Schloßberg, der, 9 E
Schlotfeld 1 G
Schlotheim 9 J EPT
Schlückingen 8 C
*Schlüpke 4 H
Schlüsselburg 5 F PT
*Schlußdorf 3 E
Schlutter 4 D E
Schlutup 1 J PT
*Schmalenbeck 3 F
Schmalfeld 1 G
*Schmalförden 4, 5 E
Schmallenberg 9 D EPT
*Schmarbeck 4 H
*Schmarren 2 D
*Schmarsau 4 K
Schmeddehausen 6 C
Schmehausen 8 C
Schmeclcke 8 D PT
Schmetzdorf 5 M PT
*Schmiedershausen 4, 5 G
Schmierman 8 C
Schmilau 2 J
Schmillinghausen 9 E
Schmittlotheim 9 E PT
*Schmölau 4 J
Schmolde 3 M
*Schmolte 5 D
*Schnackenburg 4 L PT
Schnakenbeck 2, 3 H J
Schnarsleben 6 L
Schnathorst 6 E EPT
*Schneeren 5 F P
*Schneflingen 5 J
*Schnega 4 J E
Schneidlingen 7 K L EPT
Schnellrode 9 G
Schnelsen 2 G EPT
*Schnepke 4 E
*Schneverdingen 3 G PT
Schockum 2 D
*Schöllitz 2 F
Schönberg am Damm 4 L
Schönberg am Deich 4 L
Schönberg i. Mecklenburg 1 J EPT
Schönböken 1 J
Schönebeck i. Westf. 7 B
Schönebeck bei Pritzwalk 3 M
Schönebeck b. Bismark 4, 5 L
Schönebeck a. d. Elbe 7 L EPT
*Schönebeck b. Bremen 3 E
Schöneberg 8 F
Schönemoor 3 E
Schönermark 4 M
*Schönewörde 5 J
Schönfeld bei Perleberg 3 L
Schönfeld b. Arneburg 4, 5 M
Schönhagen b. Bösingfeld 7 F
Schönhagen b. Wilsnack 4 M
*Schönhagen b. Uslar 8 G PT

Schönhagen b. Pritzwalk 3 M
Schönhausen b. Stendal 5 M EPT
Schönholthausen 9 C PT
Schöningen i. Braunschw 6 J K EPT
Schönmoor 1 G
Schönwalde 5 L
Schöppenstedt 6 J EPT
Schöppingen 6 B PT
Schöttmar 7 E EPT
*Scholen P. Sulingen 4, 5 G
*Scholen P. Bilsen 4 E
Schollene 5 M PT
*Schoningen 8 G PT
Schoonebeek 5 A
Schoonloo 4 A
Schoonoord 4 A
Schopsdorf 6 M PT
Schorborn 7 G
Schortens 2 C
*Schottwarden 2 D
Schrepkow 4 M
Schrefstaken 2 J
Schricke 6 L PT
Schröttinghausen 6 D
*Schülern 3 G
Schüren 9 D
*Schüttorf 6 B EPT
Schug-Moor 3 A
*Schulenberg 4 D E
*Schulenburg 6 G PT
*Schultenwede 3 G
Schwaan 1 M EPT
Schwachhausen 3 E
*Schwaförden 4, 5 E
*Schwagstorf P. Ostercappeln 6 D
*Schwagstorf b. Fürstenau 5 C PT
Schwalenberg 7 F PT
*Schwalingen 3 G
Schwanebeck 7 K EPT
Schwaneburg 3, 4 C
Schwanefeld 6 K
Schwanei 8 E P
*Schwanewede 3 E PT
Schwanheide 2 J
*Schwarme 4 E PT
*Schwarmstedt 5 G EPT
Schwartau 1 J EPT
Schwarz 7 L
Schwarzenbeck 2 H EPT
Schwebda 9 H ET
Schwecho 2, 3 K
Schweckhausen 8 F
Schwefe 8 C
*Schwefingen 5 B
*Schwege 6, 7 C
Schweicheln 6 E
*Schweimke 4 J
*Schweindorf 2 B
Schweinebrück 2 C
Schwelnitz 6 M
*Schwemlitz 4 J
Schwenda 8 K PT
Schwerin 2 K EPT
Schweriner See 1, 2 K
*Schweringen 4, 5 F PT
*Schweringhausen 5 E
*Schwerinsdorf 3 C
Schwerstedt 9 J K PT
*Schweskau 4 K
Schweyburg 2 D
Schwichteler 4 D
Schwiederschwende 8 K
*Schwiegershausen 8 H
Schwienhorst 7 C
Schwiesau 5 K
*Schwindebeck 3 H
*Schwinge 2 F
Schwinz 2 M
Schwochel 1 J
*Schwüblingsen 5, 6 H
*Sebexen 7 H
*Secklendorf 3 J
Seddin 3 L M
Seebach 9 J ET
Seeben 4 K
*Seebergen 3 E
*Seeburg 8 H
*Seedorf P. Selsingen 3 F
Seedorf i. Lauenburg 2 J PT
*Seedorf P. Bevensen 3 H J
*Seedorf P. Dahlenburg 3 J
Seedorf, Prov. Brandenburg 3 K
Seefeld b. Pritzwalk 3 M PT
Seefeld i. Oldenburg 2 D PT
Seega 9 K
Seehausen b. Bremen 3 E
*Seehausen P. Grasberg 3 E
Seehausen i. Altmark 4 L EPT
Seehausen b. Magdeburg 6 K EPT
Seehausen b. Oldisleben 9 K
Seelenfeld 5 E F
Seelstorf 2 L M
*Seelze 6 G EPT
Seeretz 1 J
*Seershausen 5 H
Seesen 7 H EPT
Seester 1 G
Seestermühe 2 G PT
Seeth 1 G PT
Seethen 5 L
Segeberg 1 H EPT
Segelhorst 6 F
Seggeborn 2, 3 C
Seggerde 6 K PT
Segrahner Berg 2 J
*Sehlde a. d. Innerste 7 H PT
*Sehlde a. d. Leine 6 G PT
*Sehlem 7 G PT
*Sehnde 6 G EPT
*Sehnsen 5 E
Seinstedt 7 J
Selbke 7 E
Selhorst 7 D
Sellen 6 B
Seller 7 G
*Sellien 3 J
Sellingen 4 A B
*Sellstedt 2 E
Selmsdorf 1 J PT
Seln 8 B
*Selsingen 3 F PT
*Selverde 3 C
Semlin 5 M
Semmenstedt 6 J PT
Sende 7 D
Sendel 7 B
Sendenhorst 7 C PT
Sengwarden 2 C PT
Senne I 7 D
Senne 7 D
Senne (Truppenübungsplatz) 7 E
Sennlich 6 C
Seppenrade 7 B PT
*Seppensen 3 G
Seringhausen 8 D
Serkenrode 9 C PT
Serrahn 2 M PT
Seth 1 H
Settin 2 L
*Settlage 5 B
*Settmarshausen 8 G
*Settrup 5 B C P
*Seulingen 8 H PT
Sevelten 4 C
Severin 2 L PT
*Sibbesse 7 G PT
Sichau 5 K
Sickerode 9 H
Sickingmühle 8 A
Siddeburen 3 A
Siddessen 8 F
Siddinghausen b. Unna 8 C
Siddingshausen b. Büren 8 D
Siebenbäumen 1 H
*Siebenberge, die, 7 G
Siebeneckskuöll 1 G
Siebeneichen 2 J PT
Siebenstern 8 E
*Sieber 8 H PT
*Siebestock 3 C
*Siedenberg 5 E
*Siedenburg 5 E PT
Siedentramm 5 K
*Siegelsum 2 B
Siegersleben 6 K
Siek 2 H PT
Sieker 7 D
Siekerode 9 H
Sielen 8 F
*Siemen 4 K
Siemerode 9 H
*Sieringhoek 6 A L
Sierße 6 H
*Sieverdingen 4 F
*Sievern 2 E PT
Sieversdorf 4 M PT
*Sieversen 2 G
*Sievershausen b. Dassel 7, 8 G PT
*Sievershausen P. Hämelerwald 6 G H
Sieversthütten 1 H PT
Siggelkow 2 L
Silbach 2 D
*Silberborn 7 F
Silberhausen 9 H EPT
Silixen 6 E F
Silkerode 8 H PT
Sillens 2 D PT
Sillenstede 2 C PT
*Sillium 7 H
Silmersdorf 3 M
Silstedorf 7 J
*Simmerhausen 4 D
Simmershausen 9 F
*Simonswolde 2 B
Sinningen 6 B
*Sinstorf 2 G
Siptenfelde 8 K EPT
Sirksrade 1 J E
Sittendorf 8, 9 J
Slate 2 L PT
Sleen 4 A
Slochteren 3 A
Slootsbrug 5 A
*Söder 7 H
*Sögel 4 B PT
*Sögeln 5 C
*Söhlingen 3 G
Söllenthin 4 M
Söllingen 6 J EPT
Sölten 8 A
Sömmerda 9 K EPT
Sönnern 8 C
Soest 8 C D EPT
*Soltau 4 J
*Sollingerwald 8 F G
Sollnitz 7 M
Sollstedt bei Bleicherode 9 J EPT
Sollstedt b. Gr. Keula 9 J
Solpke 5 K
*Soltau 4 G EPT
Sommerschenburg 6 K PT
Sommersdorf 6 K
Sommersell 7 F PT
Sondershausen 9 J K EPT
Sonneborn 7 F
*Sonnenborstel 5 F
Sooden 9 G PT
*Sorsum b. Hildesheim 6 G
*Sorsum b. Elze 6 G
*Sorsum b. Wetzen 6 G
*Sothel 3 F
*Sottrum b. Bockenem 7 H
*Sottrum b. Brem. 3 F EPT
Spaatz 5 M
*Spaden 2 E
Späningen 4 L
Spahn 4 B
*Spaubeck 8 H
Spaugen 1 E
Spasche 4 D
*Spechtshorn 5 H
Speckendorf 2 C
Speckhorn 8 A B
*Speele 9 G EPT
*Spelle 6 B EPT
Spenge 6 D PT
*Spetzerfehn 2 C
Spetzard 7 D
Spiegelhagen 3 L
*Spiekeroog 1 C PT
*Spieka 1 E EPT
*Spijkerboor 3 A
*Spithal 4 J
Spitzerdorf 2 G
Splietau 3 K
Spohle 3 C
Spornitz 2 L EPT
Spracken 4 E
Spradow 6 D E
Sprakel i. W. 7 B E
*Sprakensehl 4 J PT
*Spreckens 2 F
Sprenge 2 H
*Sprengel 3, 4 G
*Springe 6 F G EPT
*Sprötze 3 G PT
Sprottau 9 K
Spyk 2 A
Staats 5 L
*Stade 2 F EPT
*Stadensen 4 J
*Stadorf 4 H
Stadskanaal 4 A
*Stadt 5 E
Stadthagen 6 F EPT
Stadtlohn 7 A PT
Stadtoldendorf 7 G EPT

Telschow 3 M
Tempelherrenburg 4 B C
Tempzin 1 L
Tengern 6 E
Tennstedt 9 J EPT
Tenstedt 4 D
*Terborg 3 B
Termunten 3 A
Teschau 1 J
*Teschendorf 5 J
Teschow 1 M EPT
Tessin 2 K
Testorf 2 J PT
Tetendorf 4 G
Tettenborn 8 J EPT
Tettens 2 C EPT
*Teufels-Moor 3 E
Teutoburger Wald 6 C D
7 D E
*Tewel 3, 4 G
Thal-Itter 9 E
Thal b. Ebeleben 9 J
Thal b. Pyrmont 7 F
Thale 7, 8 K EPT
Thamsbrück 9 J PT
Thedinghausen 4 E PT
Theenhausen 6 D
Theeßen 6 M EPT
Thesinge 3 A
Thiede 6 H J EPT
*Thiene 5 C
Thier 7 C D
*Thiermann 5 E
Thießen 7 M PT
Thölstedt 4 D
*Thönse 5 G
*Thören 5 G
*Thomasburg 3 J
Thüle 8 D E PT
Thülen 9 E
Thüritz 4, 5 K
*Thüste 7 G
*Thüster Berge 7 G
Thuilsfelde 4 C
*Thune 5 B PT
*Thun 2 F
*Thune 4 J
Thune 6 H J
*Thunum 2 C
*Tichelwarf 3 B
Tiddische 5 J
*Tiessau 3 J K
Tietelsen 8 F
Tilleda 9 K PT
Tillichte 5 A
*Timmel 2 B PT
Timmenrode 7 K PT
Timmerlah 6 H
*Timmerloh 3, 4 G
Timpenberg 3 H
*Tinholt 5 A
*Tinnen 4 B
*Tiste 3 F G
Titmaringhausen 9 E
Tjuchem 3 A
Toba 9 J PT
*Tobringen 4 K
Toddin 2 K PT
Todesfelde 1 H
Todtenhausen 6 E PT
*Todtglüsingen 3 G
Tönndorf 2 H
*Tönnhausen 3 H
Töns-Berg 7 E
Töpfer 9 H
*Töpingen 4 G H
Törten 7 M
*Tötensen 2 G
Tolzin 1 M
Topfstede 9 K
Toppeln 4 M E
*Toppenstedt 3 H
*Torfmoor 3 E
Torisdorf 1 J
Tornesch 2 G EPT
Torpitz 7 L
Torsholt 3 C
*Tosmerberg 6, 7 G
Tossens 2 D PT
*Tostedt 3 G EPT
*Tosterglope 3 J
Tralau 1 H
Tramm b. Dassow 1 K
*Tramm b. Dannenbg. 3 K
Tramm b. Crivitz 2 L
Tramm b. Mölln 2 J
Trapitz 7 L
Trappistenkloster 8 E
*Trauen 4 H
Trautenstein 8 J
Travemünde 1 J EPT
Travenhorst 1 H
Traventhal 1 H PT
Trebbichau 7 M P
*Trebel 4 K PT
Treffurt 9 H PT
*Trelde 3 G
Trendelburg 8 F EPT
Trendelbusch 6 K
Triglitz 3 M
*Tripkau 3 K PT
Trippigleben 5 K
Tripskamp 3 A
Trittau 2 H EPT
*Trögen 8 G
Trubenhausen 9 G PT
Trüben 7 M
Trüstedt 5 L
*Trupe 3 E
Truppehna 6 M
Tubbergen 5 A
Tüchen 3 M
*Tülau 5 J PT
*Tündern 7 F PT
Tungeln 3 D
Tunzenhausen 9 K
Tweelbäke 3 D
Twekkelo 6 A
Twiehausen 6 D
*Twielenfleth 2 F G PT
Twiste 9 E EPT
Twistringen 4 E EPT
*Twixlum 2 B
Tylsen 4 K

Ubbedissen 7 E
Uchtdorf b. Stendal 5 L
Uchtdorf b. Rinteln 6 E F
*Uchte 5 E PT
Udenhausen 8 F
Uder 9 H EPT
Udersleben 9 K
Udorf 9 E
Überems 9 E D
*Üffeln 5 C PT
Üste 8 A
*Ührde b. Osterode 8 H
Ührde b. Schöppenstedt 6 J
Ülde 8 D EPT
Ülitz 2 K
Üllwitz 7 L
*Uelsen 5 A PT
*Ülzen 4 H J EPT
Ünglingen 5 L
Üntrop 9 E
Ünze 4 L
*Ünzen 4 E PT
Üplingen 6 K
Ütersen 2 G EPT
Ütz 6 L
*Ütze 5 H PT
Uffeln b. Bevergern 6 B C
Uffeln b. Vlotho 6 E
Uftrungen 8 K EPT
*Uhlenberg 6 D
*Uhlenbusch 2 H
Uhlenmühle 4 F
Uhrleben 6 K
Uithuizen 2 A
Uithuizermeeden 2 A
Ulsda 3 B
Ulzburg 1 G EPT
*Ummeln P. Algermiss. 6 G
Ummeln b. Gütersloh 7 D
Ummendorf 7 K PT
*Ummern 5 H
*Undeloh 3 G
Unna 8 C EPT
Unseburg 7 L EPT
Unterberghausen 9 D
Unter-Bosseborn 8 F
Unter-Holzen 8 C
*Unterlüß 4 H EPT
Unterrieden 9 G
Unter-Rodewald 5 F
Unter-Schulenburg 7 H
*Unterstedt 3 F PT
Untrop 8 C
*Uphusen b. Bremen 4 E PT
*Uphusen, Ostfriesland, 2 B
*Upleward 2 A
*Upschört 2 C
Upsprunge 8 D E
Uptloh 4, 5 C
Urbach b. Groß-Keula 9 J
Urbach bei Nordhausen
8 J K PT
*Uschlag 9 G
*Uslar 8 G EPT
Usseln 9 E PT
Usselo 6 A
Utecht 1 J
Uthleben 8 J
*Uthlede 3 D PT
Uthmöden 6 K PT
*Uthwerdum 2 B
Utters 2 D

Vaake 8 G
Vaale 1 F
Vadrup 7 C
*Vaensen 3 G
*Vaerloh 3 G
Vahlburg 6 J
*Vahlbruch 7 F
*Vahlde 3 G
*Vahldorf 6 L EPT
Vahren 4 C
*Vahrendorf 2 G
Valbert 9 C PT
Valfitz 4 K
Vallstedt 6 H PT
Valluhn 2 J
Valthe 4 A
Varel 2 D EPT
*Varendorf 3 H
Varenesch 4 D
Varenholz 6 E PT
*Varenrode 5, 6 B
Varenseel 7 D
Varl 5 D E
*Varloh 5 B
*Varlosen 8 G
Varnhorn 4 D
*Varrel P. Lamstedt 2 F
*Varrel b. Suling. 5 E PT
Varrelbusch 4 C
Vasse 5 A
*Vastorf 3 J EPT
Vatterode 9 G H
Vechelde 6 H EPT
Vechta 4, 5 D EPT
*Vechtel 5 B C
Vechtrup 7 C
Veckenstedt 7 J PT
Veckerhagen 8 F G
Veelböken 1 K PT
Veendam 3 A
Veenhof 4 A
Veenhuizen 4 A
*Veenhusen 3 B
*Veerßen b. Meppen 5 B
*Veerßen P. Uelzen 4 H J
Veesterveldhuis 4 A
Vegesack 3 E EPT
Vehlage 6 D E
Vehlen b. Genthin 5 M
Vehlen b. Obernkirch. 6 E F
Vehlgast 4 M
Vehlin 4 M
Vehlitz 6 L M
Vehlow 4 M PT
Vehra 9 K
*Vehrte 6 C D EPT
*Vehs 5 C
*Velber 6 G
*Veldhausen 5 A
Velen 7 A PT
*Velgen 3 H
*Vellage 3 B
Vellahn 2 J PT
Vellern 7 C PT
*Velligsen 4 G H
Vellinghausen 8 C
Velmede 9 D PT
Velmeden 9 G
Velpe 6 C EPT
Velpke 5, 6 J PT
Velsdorf 5, 6 K
Velsen 7 C
Velstove 5 J
Veltheim b. Rinteln 6 E
Veltheim b. Hornburg
7 J PT
Veltrup 6 B
*Venhaus 6 B
*Venne b. Osnabr. 6 D PT
Venne b. Münster 7 B
Vennebeck 6 E
Venzkow 2 L
Verbitz 3 L
*Verden a. d. A. 4 F EPT
Verl 7 D PT
*Verliehausen 8 G
Verne 8 D PT
Versmold 7 C D PT
*Vesbeck 5 G
Vestrup 4 C D
*Vethem 4 F
*Victorbur 2 B E
Victor Friedrichs-Hütte
8 K
*Viebrock 2, 3 F
Vielank 3 K
Vielbaum 4 L PT
Vielstede 3 D

*Vienenburg 7 J EPT
*Vierde 4 G
*Vierden 3 F
*Vierhöfen b. Winsen a. d. L. 3 H
Vierhuizen 2 A
Vieritz 5 M PT
Vierlande 2 H
Viesebeck 9 F
Viesecke 4 M
Vietlübbe b. Gadebusch 1 K
Vietlübbe b. Plau 2 M
*Viehe 3 K
Viez 2 K
*Vilsen 4 E PT
Vilsendorf 6, 7 D PT
*Vinnen 4 C
Vinnenberg 7 C
Vinnum 8 B
Vinsebeck 7 E F PT
*Vinte 6 C
Vinzelberg 5 L EPT
Visbeck i. O. 4 D PT
Vischering 7 B
*Visquard 2 B PT
*Visselhövede 4 F G EPT
Vlagtwedde 3, 4 A B
Vlotho 6 E EPT
Vockerode 9 G
*Vockfey 3 J
Vöhl 9 E PT
Vöhren 7 C
*Vöhrum 6 H P
Völkenrode 6 H PT
*Völkersen 4 F
Völkershausen 9 H
*Völksen 6 G EPT
*Völlen 3 B
*Völlener Königsfehn 3 B
Völlinghausen 8 D PT
Völmerstod 7 E
Völpke 6 K EPT
Vörden i. Westf. 7 F PT
*Vörden b. Osnabr. 5 C PT
Vogelsberg 9 K PT
Vogelsdorf 7 J ET
Vogler, der, 7 G
Voigtstedt 9 K EPT
*Voitze 5 J
Volgfeld 5 L
Volkenrode 9 J
*Volkerode 8 G
Volkmarode 6 J PT
Volkmarsdorf 6 J
Volkmarsen 9 F EPT
*Volkmarst 2 E
Volkringhausen 9 C
Volksdorf b. Hamburg 2 H PT
Volksdorf i. Schaumburg-Lippe 6 F
*Volkse 5 H
*Volkwardingen 3 G
Vollenborn 9 J
*Vollersode 3 E
Vollmarshausen 9 G EPT
Volmerdingsen 6 E
*Volpriehausen 8 G EPT
Volthe 5, 6 A
*Voltlage 5 C
Vorbeck 2 L
Vorberg 7 G
Vordersten-Thuile 4 C
*Vordorf 6 J
*Voremberg 7 F
Vorhelm 7 C EPT
*Vorhop 5 J
Vorsfelde 5 J EPT
Vortlage 6 E
*Vorwald 5 A
Vorwerk 1 K
Vorwohle 7 G EPT
*Voßbarg, Kol., 2 E
Voßwinkel 8 C PT
*Vortrup 6 C D
Vreden 7 A PT
*Vrees 4 C
Vriescheloo 3 A B

*Waake 8 H PT
*Waakhausen 3 E
*Wachendorf b. Meppen 5 B
Wachstedt 9 H PT
Wachtum i. Holland 4 A
*Wachtum b. Meppen 4 C
Wackersleben 7 K PT
Waddekath 4, 5 J
Waddenhausen 7 E
Waddens 2 D PT
Waddewarden 2 C PT
Wadersloh 8 D PT
*Waffensen 3 F
Wagenborgen 3 A
*Wagenfeld 5 D E PT
Waggum 6 J
Wahlershausen 9 F PT
Wahlhausen 9 G PT
Wahlitz 6 L
Wahlstedt 1 H
*Wahmbeck 8 F
*Wahn 4 B PT
*Wahnebergen 4 F
Wahrburg 5 L
Wahrenberg 4 L PT
*Wahrenholz 5 J PT
Wahrstedt 5, 6 J K
Wakenstädt 2 K
Walbeck 6 K PT
Walburg 9 G EPT
*Walchum 4 B
Waldau 9 F PT
Walbeck 9 F PT
*Waldhöve 4 B
Waldkappel 9 G EPT
Waldseite 6 A
Walkenried 8 J EPT
Walksfelde 2 J
*Walle b. Aurich 2 B E
Walle b. Bremen 3 E PT
*Walle P. Verden a. d. Aller 4 F
*Walle P. Winsen a. d. Aller 4, 5 G
*Wallen 6 C
*Wallenhorst 6 E PT
*Wallensen 7 G PT
Wallhausen 8 J EPT
*Wallhöfen 3 E
Wallstawe 4 K PT
Wallwitz 6 M
*Walmsburg 3 J
*Walmstorf 4 J
Walsleben 4 L EPT
Walsmühlen 2 K
*Walsrode 4 F G EPT
Walstedde 7 C PT
Walternienburg 7 M PT
Waltrop 8 B PT
Waltrup 7 B
Wamckow 2 L PT
Wandsbeck 2 G H EPT
Wanfried 9 H PT
Wangelnstedt 7 G
Wangern 1 K
Wangeroog 1 C PT
*Wangersen 3 F
*Wanhöden 1 E
Wannefeld 6 K L
Wanzleben 7 L EPT
Wanzlitz 3 L
Wapelsdorf 3 D
Warberg 6 J PT
Warburg 8 E F EPT
Warchau 6 M
*Wardböhmen 4 G
Wardenburg 3 D PT
Warder 1 H
Warendorf 7 C EPT
Warfleth 3 D PT
Warin 1 L EPT
Warlitz 2, 3 K
*Warmeloh 5 G
Warmenau 5 J
Warmsdorf 7 L
*Warmsen 5 E PT
Warnau 4 M
Warnitz 2 K EPT
Warnkenhagen 1 K
Warnow b. Bützow 1 L EPT
Warnow b. Grevesmühlen 1 K
Warnow b. Grabow 3 L
Warnstedt b. Magdeburg 7 K PT
Warnstedt i. Oldenbg. 4 C
*Warpe 4, 5 F
Warsleben 6 K PT
Warsow 2 K
*Warstade 2 F ET
Warstein 8, 9 D EPT
*Wartjenstedt 6 H
*Warzen 7 G
Wasbeck 9 E
*Wasbüttel 5, 6 J
Waschow 2 J K
*Wassel 6 G
Wasserhorst 3 E
Wasserleben 7 J EPT
Wasserthaleben 9 J K EPT
Watenbüttel 6 H J PT
Waterende 3 D
*Wathlingen 5 H PT
Wattenbach 9 G
Watt-Gründe 1 D E
Wattmannshagen 1 M PT
Watzum 6 J
Wechloy 3 D
*Wechold 4 F PT
Wechte 6 C
*Wechtern 1 F
Wedde 3 A
Weddelbrook 1 G
Weddendorf 5 K
*Wedderin 3 J
Wedderstedt 7 K
*Weddewarden 2 D
*Weddingen 7 H
Wedel i. Holst. 2 G EPT
*Wedel 2 F
Wedlitz 7 L
Wedringen 6 L
Weede 1 H
Weende 4 A B
*Weene 2 B
*Weener 3 B EPT
*Weenermoor 3 B
Weerdinge 4 A
Weerselo 6 A
*Weese 5 C
*Weesen 4 H
*Weetzen 6 G EPT
Wefensleben 6 K EPT
Weferlingen 6 K EPT
*Weferlingsen 5 H PT
Wegeleben 7 K EPT
Wegenstedt 6 K EP
*Wehdel P. Badbergen 5 E
*Wehdel P. Beverstedt 2 E
Wehdem 5 D PT
*Wehden 2 E
Wehe 5 E
*Wehldorf 3 F
*Wehlen 3 G
Wehlheiden 9 F PT
*Wehm 4 C
Wehnde 8 H
Wehnen 3 D
*Wehningen 3 K
*Wehnsen 5 H
Wehr 6 A
*Wehrbergen 6 F
*Wehrbleck 5 E
Wehrden 8 F EPT
*Wehrenberg 4 E
*Wehrendorf 6 D
*Wehringdorf 6 D
Wehrstedt 7 K
Weiberg 8 D E
Weidelsberg, der, 9 F
Weidenbach 9 H
Weihe 4, 5 D
Weijerswold 5 A
Weimar 9 F
Weine 8 D
Weiner 6 A B
Weisen 4 L EPT
Weisin 2 M
*Weißenborn 8 H
*Weißenmoor 1 E
Weißensee 9 K EPT
Weißewarte 5 L M PT
Weitendorf b. Teßin 1 M
Weitendorf b. Wismar 1 K
*Weitsche 4 K
Weiwerd 3 A
Welbergen 6 B
Welda 8 F EPT
Welle b. Tangermünde 5 L
*Welle b. Harburg 3 G PT
*Wellen b. Geestemünde 2 E
Wellen b. Magdeburg 6 K L EPT
Wellen b. Fritzlar 9 F
Welleringhausen 9 E
Wellerode 9 G
*Wellersen 7 G
*Wellse 5 F
*Welliehausen 6 F
*Wellingholzhausen 6 D PT
Wellingsbüttel 2 G H
*Welplage 5 D
*Welsede 6 F EPT
Welsleben 7 L EPT
Welte 7 A B
Welver 8 C EPT
Welze 5 F
Wenddorf 6 L
Wendeburg 6 H PT
Wendemark 4 L PT
*Wenden P. Steimbke 5 F
Wenden b. Braunschweig 6 H J EPT
*Wendenborstel 5 F
Wendershausen 9 G PT
Wendessen 6 J EPT
Wendfeld 7 A

*Wendhausen P. Lüneb. 3 J
*Wendhausen P. Dinklar 6 H
Wendhausen b. Braunschweig 6 J PT
Wendhausen b. Wanfried 9 H
Wendischbrome 5 J
*Wendisch-Evern 3 H
Wendisch-Lieps 2 J
Wendisch-Prieborn 3 M EPT
Wendlobbese 6 M
Wendschott 5 J
*Wengsel 6 A
Wenholthausen 9 C D
*Wennebostel 5 G
Wennenkamp 6 F
Wennewick 6 A
*Wennigsen, Kloster, 6 F G EPT
Wenninghausen 9 C
*Wense b. Zeven 3 F
*Wense b. Fallingbostel 4 G
Wentdorf 4 L
Wentorf 2 H
Wentrup 6 B
Wenze 5 K
Wenzen 7 G PT
Werben 4 M EPT
Werdohle 9 C
*Werdum 2 C EPT
Werkel 9 F
Werl i. Westf. 8 C EPT
Werl i. Lippe-Detmold 7 E
*Werlte 4 C PT
*Werna 8 J
Werne 8 B PT
Wernigerode 7 J EPT
Wernikow 3 M
Werningerode 8 H J
Werningshausen 9 K PT
Wernitz 5 K
Wernrode 9 J
Wernstedt 5 K
*Werpeloh 4 B
*Wersabe 3 D PT
Werse b. Münster i. Westf. 7 B C
Wersen 6 C
Werste 6 E
Werther 6, 7 D PT
Wertlau 7 M
*Wertzen 3 F
Wesecke 7 A PT
*Wesel 3 G
Wesenberg 1 J
*Wesendorf 5 J
Weslarn 8 D PT
Wespen 7 L
*Wesseln 6, 7 G H
*Wesseloh 3 G
Wessendorf 7 A
Wessin 2 L PT
Wessinghuizen 3 A
Wessum 6 A PT
Westbevern 7 C EPT
*Westdorf auf Juist 1, 2 A
*Westdorf i. Ostfriesl. 2 B
Westdorp 4 A
*Weste 4 J
*Westen 4 F PT
*Westenberg 6 A
*Westende Langeoog 1 B
Westenfeld b. Münster i. W. 6, 7 B
Westenfeld b. Arnsberg 9 C
Westenholz i. Westf. 7 8 D PT
*Westenholz b. Fallingbostel 4 G
Westerau 1 H
*Westerbeck P. Osterholz-Scharmbeck 3 E
*Westerbeck b. Gifhorn 5 J
Westerbeck b. W.-Kappeln 6 C
Westerbeck b. Iburg 6 C
*Westerbeverstedt 2 E
Wester-Borken 7 A
Westerbroek 3 A
*Westerbur 2 B
Westerburg 4 D
Westercappeln 6 C PT
*Westercelle 5 G H
Westeregeln 7 K PT
Westeremden 2, 3 A
*Westerende 2 B E
Westerengel 9 K
Westerenger 6 D
*Westeresch 3 F
*Westergellersen 3 H
Westerhausen a. Harz 7 K EPT
*Westerhausen P. Oldendorf 6 D
*Westerhof 7 H
Westerholt i. Westf. 8 A
Westerholt i. Oldenburg 3 C D
*Westerholt i. Ostfriesland 2 B PT
*Westerholte 5 C
*Westerholz P. Gifhorn 5 J
*Westerholz P. Scheeßel 3 F
Westerhorn 1 G
Wester Horst u. Walt 6 B
Westerhüsen 7 L EPT
*Wester-Ihlienworth 1 E
Westerlee 3 A
Westerloh i. Westf. 7 D
*Westerloh b. Meppen 4 B
Westerloy 3 C
Westernbödefeld 9 D
Westernkotten 8 D EPT
*Westerode a. Eichsfeld 8 H EPT
Westerode i. Westfal. 6 B
*Wester-Sander 2 B
Westerscheps 3 C
*Westersode 2 F
Westerstede 3 C EPT
*Westertimke 3 F
*Westervesede 3 G
*Westerwalsede 4 F PT
*Westerwanna 1 E PT
*Westerweyhe 4 H J
*Westerwiede 6 C
*West-Großefehn 2 B
Westhausen 9 H
Westheim 8 E
Westick 8 B C
Westig 9 C EPT
West-Kilver 6 D
Westkirchen 7 C PT
Westladbergen 6 B C
*Westland-Borkum 2 A
West-Menghausen 1 F
*West-Ochtersum 2 B
West-Önnen 8 C PT
*West-Rhauderfehn 3 B PT
Westrittrum 4 D
Westrum i. Oldenburg 2 C
*Westrum b. Meppen 5 B C
*Westrup 5 D
Westuffeln 9 F
Wesup 4 A
*Wesuwe 4 B P
Weteritz 5 K
*Wetschen 5 D PT
*Wettbergen 6 G
*Wetteborn 7 G
*Wettenbostel 3 H
Wettesingen 8, 9 F
Wettin 3, 4 M
*Wettmar 5 G
*Wettmershagen 6 J
Wettringen 6 B PT
*Wettrup 5 B
*Wetzen 3 H
Wewelsburg 8 E PT
Wewelsfleth 1 F PT
Wewer 8 E PT
Wext 6 A
*Weyermoor 3 E
*Weyhausen b. Celle 4 H
*Weyhausen P. Fallersleben 5 J
Wiarden 2 C PT
*Wibbese 4 J
Wichdorf 9 F
*Wichendorf 5 G
*Wichmannsburg 3 H J
*Wichtenbeck 4 H
*Wichtringhausen 6 F
Wickede 8 C EPT
Wickenrode 9 G
Wickerode 8 K
Wieda 8 J PT
Wiedenbrück 7 D EPT
*Wiedenhausen 4 G
*Wiedenrode 5 H
*Wiedensahl 6 E F PT
Wiefels 2 C E
Wiefelstede 3 D PT
*Wiegboldsbur 2 B
*Wiegersdorf 8 J
*Wiegersen 2, 3 F G
Wieglitz 6 K
Wiehe 6 C PT
Wiehen-Gebirge, das, 6 D E
*Wiekenberg 5 G
*Wielen 5 A
Wiemeringhausen 9 D
Wiemersdorf 1 G PT
Wienbeckerheide 7 E
*Wienbergen 4 F
Wiendorf 1 M
*Wienhausen 5 H PT
Wienrode 7, 8 K
*Wiepenkathen 2 F
Wiepke 5 K
*Wieren 4 J EPT
*Wiersdorf 3 F
*Wiershausen 9 G
*Wierstorf 4 J
*Wiesede 2 C
*Wiesederfehn, Col. 2 C
*Wiesens 2 B
Wieserode 8 K
*Wieste 4 C
Wietersheim 6 E PT
*Wiether, der, 8 G H
*Wietmarschen 5 A B PT
*Wietze 5 G PT
*Wietzen 5 E F PT
*Wietzendorf 4 G PT
*Wietzetze 3 J PT
Wilbrenning 7 B
*Wildemann 7 H EPT
Wilderpank 3 A
Wildeshausen 4 D EPT
*Wilhelmsburg 2 G H EPT
Wilhelmshausen 9 G
*Wilhelmshaven 2 D EPT
Wilhelmshöhe 9 F EPT
Wilhelmstein, Fort 5 F
Wilhelmsthal 9 F
*Wilholte 4 B
Willebadessen 8 E F EPT
*Willen 2 C
Willenscharren 1 G
Willingen 9 D E PT
Willinghusen 2 H
Willingrade 1 H
*Wilmeröder Berg 7 F
*Wilsche 5 H
*Wilsede 3 G
*Wilseder Berg, der, 3 G
Wilsen 2 M
Wilsleben 7 K L PT
Wilsnack 4 L M EPT
*Wilstedt b. Bremen 3 F PT
Wilstedt i. Holstein 1 H
Wilster 1 F EPT
Wilstorf 2 G
*Wilsum 5 A
Wimbern 8 C
*Wimmer 6 D
*Wind-Berg, der, 4 B
Windberge 5 L
Windeberg 9 J
Windehausen 8 J
Windeweer 3 A
Windheim 5, 6 E PT
*Windhorst 5 E F
Wingerode 9 H PT
*Wingst, die (Bezirk) 1 F
*Winkeldorf 3 F
Winkelsheide 2 D
Winkelstedt 4 D,
Winkhaus 8 D
Winkhausen 9 D
Winkum 5 C
Winningen 7 L PT
Winschoten 3 A B
Winschoterzijl 3 A
Winsen i. Holstein 1 G
*Winsen a. d. Luhe 3 H EPT
*Winsen a. d. Aller 5 G PT
Winterberg 9 D PT
Winterberg, der, 7 F
Winterfeld 4, 5 K
*Wintermoor 3 G
*Wintzenburg 7 G EPT
Winzingerode 9 H E
*Winzlar 5 F
*Wippingen 4 B
Wippra 8 K PT
*Wipshausen 6 H
*Wirdum 2 B PT
*Wirl 4 K L
*Wirringen 6 G
Wisch 4 A
*Wischhafen 1 F PT
Wismar 1 K EPT
Wismar Bucht 1 K
Wispitz 7 L M
*Wissingen 6 D EPT
*Wistedt P. Zeven 3 F
*Wistedt P. Tostedt 3 G
*Wiswedel 5 J
*Wittbeck 5 G H
*Wittekindsberg, der, bei Osnabrück 6 C D
Wittel 6 E
Wittenberge 4 L EPT

www.ingramcontent.com/pod-product-compliance
Lightning Source LLC
Chambersburg PA
CBHW081308040426
42452CB00014B/2697

* 9 7 8 1 5 3 5 8 0 0 6 2 4 *